SORULARLA BİLİNÇALTI
Ebru Karakan

Editör: Duygu Bay
Dizi Editörü: Ayşen Bozkuş
Kapak Tasarımı ve Sayfa Düzeni: Pınar Demirhan

2. Baskı, Haziran 2024, İstanbul
ISBN: 978-625-8446-78-4

Sertifika No: 63989

Müptela™ İthaki Yayıncılık Basın Sanayi ve Ticaret A. Ş.'nin tescilli markasıdır.
Osmanağa Mah. General Asım Gündüz Cad. Ün Er Tan İş Merkezi 35/1-38
Kadıköy - İstanbul Tel: (0216) 541 03 26 - www.ithakiyayingrubu.com

Kapak, İç Baskı: Deniz Ofset Matbaacılık
Maltepe Mah. Hastane Yolu Sok. No: 1/6, Zeytinburnu - İstanbul
Tel: (0212) 613 30 06 denizmatbaamucellit@gmail.com
Sertifika No: 48625

Sorularla Dizisi-2

Ebru Karakan

SORULARLA Bilinçaltı

müptela

Sevgili okur,

Öncelikle gelişimini önemsediğin, kendi zihnine ve ruhuna yatırım yaptığın için seni tebrik eder ve bütüne katkı sağlayacak olan sana teşekkür ederim. Belki ilgi alanın bu konu belki kültür olsun diye okuyorsun. Belki de çoğunluk gibi sen de kişisel gelişim, ruhun ve zihnin gelişimi konusunda nereden başlayacağını bilemiyor, bulduğun kaynaklara bakıyor, sana neyin daha iyi geleceğini sorguluyor ve nasıl öğrenebileceğini araştırıyorsun. Üstelik kafanda yanıtlanmayı bekleyen sorular da var. Tabii sen de bu belirsizlikte uygulamaya geçemiyor, herhangi bir adım atmıyor, başlamayı erteliyorsun...

Nereden mi biliyorum; uzun yıllar önceki kendimden ve verdiğim danışmanlıklarda gelen sorulardan biliyorum. Ben de bu noktadan yola çıkarak sizler için, *Sorularla Serisi*ni hazırlamaya karar verdim. *Sorularla Meditasyon* kitabıyla başladığımız sorular serisi, *Sorularla Bilinçaltı, Sorularla Reiki, Sorularla Kuantum, Sorularla Farkındalık, Sorularla İlişkiler* ve *Sorularla Astroloji* olarak şekillendi. Kim bilir belki yanına farklı konu başlıkları da eklenir ilerleyen zamanlarda.

Bu serilerdeki amaç, belirsizliği ortadan kaldırıp konuları, alanında uzman kişiler tarafından merak edilen sorularla birlikte anlatmak ve okurların kendinin en iyi versiyonuna ulaşmasına katkı sağlamaktı. Bu doğrultuda, bu kitapları hazırlamaya karar verdim. Bana güvenip bu projede yer alan ve derin bilgilerini yazıp paylaşan değerli yazarlarımın her birine tek tek teşekkür ederim.

Bir nevi bütüne hizmet olarak gördüğüm ve içime çok sinen bu projede seni de aramızda görmek çok güzel sevgili okur.

Bu projeye katkısı olan herkes adına söylemeliyim ki, en büyük tesellimiz ve şükür sebebimiz hayatındaki değişime vesile olmak olacak.

Sorularla Serisi kitapları, yoluna rehber, ışık olsun.

Yolların sevgiyle, kolaylıkla açılsın…

Proje Editörü,
Yazar/Danışman
(Nişantaşı Kuantumun Kraliçeleri Şubesi)
AYŞEN BOZKUŞ

İÇİNDEKİLER

ÖNSÖZ

Merhaba Ben Ebru KARAKAN

1978 Samsun doğumluyum. 1998 yılından beri sevgili eşim Niyazi ile evliyim. 2 çocuğumuz var; kızım Derin 24 yaşında ve oğlum Arda 15 yaşında.

Benim en güzel aynalarım eşim ve çocuklarım. Onlarda kendimi gördüm, fark ettim ve dönüştürdüm. Yeri geldi, suçladım ve kızdım. Ama sonra anladım ki meğer o duygular aslında bende olan ve çıkmak için "Beni bir gör," diyen duygularmış. Bana onları gösterdiler, fark ettim ve özgürleştim.

Kalbimi aşk ve sevgiyle doldurdular. Meğer yine bende olan sevgiyi, şefkati, mutluluğu bana yansıtmışlar; bunu da fark ettim, daha da çoğalttım. Kısaca ailem, benim en güzel yansımalarım.

Bu farkındalıkları yaşattıkları için kitabımı eşim Niyazi, kızım Derin ve oğlum Arda'ya ithaf ediyorum.

Her şeyin bittiğini düşündüğüm bir anda, "Artık yoruldum ve değişimi seçiyorum," diyerek bir karar aldım. Kişisel gelişimle ilgili, Yaşam Koçluğu, NLP, Kuantum, Master Kuantum, Access Bars, Bilinçaltı ve benzeri birçok eğitim aldım.

2019 yılında sevgili hocam ve iş ortağım Serpil Ciritçi ile birlikte KUANTUMUN KRALİÇELERİ KİŞİSEL GELİŞİM AKADEMİSİ'ni kurduk. Yurtiçi ve yurtdışı olmak üzere, 2024 Şubat itibari ile on şubemiz var.

Olumlamalarla Bilinçaltını Kodla ilk kitabım, ilk göz nurum.

Benim hayatımı değiştiren, bilinçaltının nasıl işlediğini öğrenmek oldu. Kendi üzerimde deneyip dönüşümü gerçekleştirdim. Bunu herkese anlatmayı ve bütüne katkı olmayı seçtiğim noktada Sevgili Ayşen Bozkuş'un *Sorularla Serisi* projesine, *Sorularla Bilinçaltı* kitabımla dahil olmak istedim. Çünkü ben artık her şeyin bittiği anda küllerimden yeniden doğmuştum. "Ben yaptıysam herkes yapar!" söylemimden yola çıkarak size de bir yol haritası çizmek, bildiklerimi ve uyguladıklarımı paylaşmak istedim.

Hadi, şimdi sıra sizde!

MUCİZE SİZSİNİZ,
SADECE BUNU FARK EDİN VE KABUL EDİN!

BİLİNÇALTI NEDİR?

İlk kez Sigmund Freud tarafından kullanılan bilinçaltı terimi, kişinin yaşamını yöneten ana merkezdir. Tüm programın yazıldığı en büyük alandır. Bazı kaynaklarda bilinçdışı şeklinde de karşımıza çıkar. Bilinç, anne karnındaki bebeğin bazı uyarımları almaya başlamasıyla işlerlik kazanan ve son nefeste biten farkında olma hareketidir ve insanın benliğinin yanı sıra dış dünyadaki tüm varlıkları kavramasını ve algılamasını sağlayan beyinsel anlama faaliyetlerinin tümüdür. Bilinçaltı ise bilincimizin farkında olmadığı, bizi yöneten asıl sistemdir. Bilinçaltını bir örnekle tanımlamak gerekirse buz dağı örneğini verebiliriz. Buz dağının üst kısmı bilinçli zihin, görünmeyen kısmı ise bilinçaltıdır.

Bilinçaltı anne karnından itibaren şekillenmeye başlar. 0-6 yaş aralığında edindiğimiz tüm deneyimleri ayırt etmeksizin kaydeder. Bunlar işitsel, görsel, kokusal, tatsal ve duyusal olarak kaydedilmektedir. İkinci aşama 6-12 yaş aralığında yaşadığımız deneyimleri, 0-6 yaş döneminde oluşturulan çekirdek inançlarımızla bir araya getirerek çekirdek inançlarımızı güçlendirir, 0-6 yaş arası aldığımız kodlarla bütün hayatımızı şekillendirir. Tüm duyularımızla algıladığımız önemli, önemsiz her şeyi kaydeder ve gerektiğinde kullanmak üzere bilince verir. Bilinçli akıl devrede olmadığı bebeklikten çocuk yaşa kadar olan evrede oluşan uyaranlar, kişinin inançları haline gelir. Bilinçaltı bütün bilgileri depolar. Bu bilgilerle insanın kişiliği ve davranışları oluşur. Bilinçaltının hedefi sizi hayatta ve güvende tutmaktır. Bunu da refleks hareketler ve otomatik davranışlarla sağlar.

Bilinçaltı her zaman uyanık ve tetiktedir. Bilinçli şekilde algılamadığımız her şey bilinçaltı tarafından kaydedilir. Televizyon karşısında uykuya dalmışsak kulağımızın duyduğu her şey bilinçaltı tarafından kaydedilir. Bilinçaltı tam anlamıyla her şeyi iyi, kötü, doğru, yanlış, mantıklı, mantıksız şeklinde ayırım yapmaksızın kaydeder. Kişinin her saniyesine ait verileri toplayan ve öğrenilen bütün bilgileri kategorilere ayıran bilinçaltı uyku halindeyken de çalışmaya devam eder. Bir bilgisayar gibi yaşanılan her şeyi kayıt altına alan bilinçaltı vücudun bütün faaliyetlerini kontrol altında tutar. Kişilik bozuklukları, travmalar, anılar, rüyalar ve fobiler doğrudan bilinçaltı ile ilişkilidir.

Sigmund Freud'a göre insanların gerçekte yüzleşmekten kaçındığı anılar ve bilinçaltına ittiği korkular insan ilişkilerini ve bütün hayatını etkiler. Carl Gustav Jung bilinçaltını bir kara kutuya benzetir. Bu alan hem bir kayıt hem de depolama alanıdır. Kişinin hayatı süresince yaşadığı travmalar ve kendisinden bile sakladığı gizli arzular bu bölümde yer alır. Kişi, hayatta ancak bilinçaltının izin verdiği ve yönlendirdiği sonuçlara ulaşabilir. Bilinç, kişinin bir şeyi kabul etme sürecinde devreye girer. Bilincin gücü yüksektir ama bilinçaltı ile kıyaslandığında ancak sınırlı bir güçtür. Bilinçaltı kişiye, bilinçaltında kodlanmış inanç sistemiyle uyumlu olayları deneyimletir ve yaşadığımız sonuçları belirler. Örneğin, "Hayat zor," şeklinde bir inanç sistemine sahip olan bir birey, bilinçaltının bu kodlaması sebebiyle hayatı hep zor yaşar. Ama bilinçli olarak bunun farkında olmadığı için, "Hayatımın bu kadar zor olmasını istemiyorum," diyebilir, şikâyet edebilir. Ne var ki, yaşamımızdaki deneyimler bilinçaltına kodlanmış inanç sistemlerinin hayata yansıtılmasından ibarettir ve biz, "Hayat zor," dedikçe ve bu kodlamayla yaşadıkça hayat hep zor olacaktır.

Bilinçaltı, hayatımızı %95 işleten bir bilgisayar programı gibidir. Günlük hayatımızı %5 bilincimizle yürütürken bununla birlikte mutlu olmak, başarılı olmak, huzurlu olmak, zengin olmak gibi isteklerimiz var. Bu isteklerimizi ve ulaşmak istediğimiz hedeflerimizi bilinçaltı yönetiyor. Fakat geminin kaptanı olan bilinçaltı ile farklı bir dil konuştuğumuzda yol ortasında, hedefe ulaşmadan batabiliyoruz. Bu sebeple, yaşamımızı bilinç seviyesinde değiştirmek için "Şunu yapmalıyım, bunu yapmalıyım..." şeklinde bir yaklaşım yerine; bilinçaltında kayıtlı olan inanç sistemlerini tespit edip, onları değiştirip dönüştürmek ve yeni inanç sistemleriyle kodlama yapmamız gerekmektedir. Aslında bütün insanlar otomatik pilot gibidir. Düşünmeden yaptığımız her şey bilinçaltı tarafından yapılır. Yemek yapmamız, araba kullanmamız yürümemiz gibi...

Şunu bilin ki düşünmeden yaptığımız her şeyde bilinçaltı devrededir, düşünerek yaptığımız her şeyde de bilinç devrededir. Bilinçten herhangi bir komut gelmediği sürece tüm davranışlarımızı bilinçaltı yönetir. Bilinçaltımız çok hızlı çalışır çünkü sinir sistemiyle çalışır. Araştırmalar bize bilinçli zihnin saniyede 5-9 veri alabiliyorken bilinçaltı zihnin saniyede 3 milyon veri alabildiğini gösteriyor. Otobanda gittiğiniz bir yolculuğunuzu hatırlayın; kaç tabela veya ağaç geçtiğiniz, ağaçların şekli, yapısı, yaprakları, hatta yolculuktaki çukurlar gibi pek çok detay bilinciniz farkında olmasa da bilinçaltı zihniniz tarafından kayda alınıyor. Tekrar o yolu kullandığınızda çukuru istemsiz hatırlamanız bu kayıtların sonucudur. Bütün duygularımız, alışkanlıklarımız yaşamış olduğumuz her tür duygusal deneyim bilinçaltı yoluyla kaydedilir.

BİZİ BİLİNÇALTIMIZ MI YÖNETİYOR?

Bizi %95 bilinçaltımız yönetir. Hayatımızın %5'ini de bilinçli halimizle yaşarız. Gün içerisinde işimize gideriz, toplantımızı yaparız, yemeğimizi yeriz. Akşam arabamıza bineriz ya da bir toplu taşıma aracı ile evimize döneriz, filmimizi izleriz. Tekrar yemeğimizi yeriz, kitabımızı okuruz ve yatarız. Tüm bunlar için %5 yeterlidir. Fakat biz başarılı olmak istiyoruz, biz sağlıklı olmak istiyoruz, biz zengin olmak istiyoruz, biz hedeflerimize ulaşmak istiyoruz... İşte bunlara %95 ile bilinçaltımız karar veriyor. Yani temel hedeflerimize varmamızla ilgili konuların -sağlıktır, başarıdır, huzurdur- kararını bilinçaltı verir. Eğer bilinçaltında sıkıntılı bir bağlantı varsa, yani ters bağlantı veya yanlış bir bağlantı varsa, yine hedeften seni alıkoyacaktır. Örneğin, bir kişi evlenmek istiyor fakat ne kadar çabalarsa çabalasın bir türlü evlenemiyor. Bilinçaltı diye tabir ettiğimiz merkezde, "Evlenirsen özgürlüğün kısıtlanır!", "Sen bu kiloyla evlenemezsin, seni kimse beğenmez!" ya da "Evlilik insanlara mutluluk getirmiyor!" gibi bir inanç varsa sizi bir şekilde buraya taşımıyor. Taşımadığı gibi de aslında sabote ediyor.

İlk önce şunu bir anlayalım; bilinçaltı aslında her halükarda bize yardımcı olmaya çalışıyor. Onun tek görevi aslında bizim isteklerimizi yerine getirmek fakat bunu nasıl yapacağını bilmiyor. O yüzden "beş yaşındaki çocuk" diyorum. O, tüm isteklerimizi yerine getirmeye hazır. Sıkıntı şu ki biz ne istediğimizi bilmiyoruz ya da isteklerimizde net değiliz. Başka bir deyişle bir şey isterken aslında başka bir noktada onu reddediyor olabiliriz. Ama bilinçaltının dilini bilirsek bilinçaltı o zaman tam bir Alaaddin'in sihirli lambasına dönüşüyor. Nasıl ki bir hedef koyduğumuzda bizi oraya taşıyor, aynı şekilde o hedefe inanmıyorsak bizi oraya taşımıyor.

Bilinçaltını tarif ederken "bir yazılım programı" demiştik. Öyleyse ben bilinçaltının tam olarak nasıl çalıştığını bilirsem onu kodlamayı da öğrenebilirim. Neleri buraya yazdığımı bilirsem, onları değiştirebilirim. Zihninizi ya da beyninizi bir bilgisayar gibi düşünün. Orada bir takım kodlar vardır. Ben o kodları değiştirirsem yeni kodlar girerim ve o zaman son koda hizmet eder hâle gelir.

Benim ilk önce şunu bilmem gerekiyor; bilinçaltı 0-6 yaşlarına kadar bütün kodlarını tamamlıyor. Peki, kod derken tam olarak neyi kastediyorum? Bilinçaltı aslında duyguyu kodluyor. Başka bir deyişle, bizler ilk doğduğumuzda zihnimiz boştur. Fakat yapılan birçok çalışma şunu göstermiştir ki, aslında bilinçaltı anne karnında başlıyor. Yani bizler anne karnındayken, kendi bilinçaltımızın henüz farkında değilken, annemizin bilinçaltıyla kendimizi özdeşleştiriyoruz. Bazı çalışmalar annenin bilinçaltının çocuğa aktarıldığını da ispatlamıştır.

Bu ne anlama geliyor?

Eğer anneniz size kazara hamile kalmışsa ve istemiyorsa maalesef o duygusu size geçiyor. Ya da bir trafik kazası geçirdi, korktu diyelim. Veya babanız o dönem işsizdi, anneniz bir gelecek korkusu yaşadı. Bu duygular da çocuğa geçiyor. Bir nevi, uçakların kara kutusu gibi ne varsa kaydediliyor ve bu 0-6 yaşlarına kadar devam ediyor.

Varsayalım ki siz bir arkadaşınızla oturup bir konu hakkında konuşuyorsunuz ve çocuk içeride. 2-3 yaşında, kendi halinde oyuncaklarıyla oynuyor gibi görünürken bile aslında bütün konuşulanları olduğu gibi kodluyor. O anda bilinçli bir tepki vermese bile o alınanı olduğu gibi kaydettiği için hayatının bir döneminde bu tekrar önüne geliyor ve onu bir şekilde durduruyor.

Çocuk yeni doğduğunda hastanede biraz daha uzun kalması gerektiyse ve o esnada iğne yapıldıysa, ufak tefek bazı ameliyatlar geçirdiyse, daha sonra yetişkin zamanında her an bir şey olacak kaygısıyla yaşıyor. Çünkü dünyayla tanıştığı anda yaşadıklarını kodluyor. Kodladığı; her an kötü bir şey olabilir, canım yakacaklar, acı çekebilirim inancıdır.

Başka bir örnek vermek gerekirse; çocuk 2-3 yaşlarında annesi ya da babasını kaybettiyse ya da ebeveynleri çocuktan uzak bir yere gitmişlerse çocuk anne baba sevgisinden, şefkatinden, sıcaklığından, kokusundan mahrum kalır. Küçük olduğu ve çocuğun anlamayacağı düşünülse de bu olay çocukta terk edilme korkusu ve güvensizlik olarak kaydediliyor. Yetişkinlik döneminde ise bu hikâyeyi belki bilmediği belki de bu bağlantıyı kuramadığı için hayatta nerede tıkandığını ya da bir şeyleri neden aşamadığını, terk edilme ve güvenle ilgili yaşadığı problemlerin nedenini fark edemiyor. Bu nedenle Kuantum ya da NLP teknikleriyle bilinçaltına yönelik bir takım çalışmalar yapıyoruz. Bilinçaltı farkındalığı ve yeni kodlamalar bunun en önemli parçası elbette.

BİLİNÇALTININ YASASI NEDİR?

Bilinçaltının yasası inanç yasasıdır. Evren, yasalarla yönetilir. Bilinçaltımız da yasalarla yönetilir. Bilinçaltımızın yasası inanç yasasıdır. Bilinçaltımız mıknatıs gibidir. Kendi inançlarını yansıtan şeyleri çeker. Yaşam boyunca sizin deneyimlerinizi, genetik kodlarınızı depolar. Bu depolama durumu sadece konuşma yoluyla değil; görme, işitme veya medya yoluyla da gerçekleşir. Sizin çoğu zaman farkında dahi olmadan alıp kabul ettiğiniz inanç ve öğretiler, benzer bir durum yaşandığında bilinçaltı kayıtlarınızda taranıp kayıtlardaki kazanım, öğreti ve hislere göre tepki verir. Eğer benzer bir durum yaşanmamışsa o durumu depolayarak yine deneyim olarak kaydeder. Bilinçaltında kaydedilen bu durumlara benzer durumları sıkça hayatınızda deneyim olarak yaşarsınız. Sürekli "Benim başıma bu durumlar niye geliyor?" diye soruyorsanız cevabı burada gizlidir. Eğer bilinçaltı kayıtlarınızı değiştirmezseniz aynı durumları sıkça yaşayarak deneyimlerinizi daha da kuvvetlendirir ve güç verirsiniz. Özellikle negatif durumları sık yaşayan insanlar farkında olmadan çocukluktan yaşadığı durumları yetişkinlik dönemlerinde de yaşarlar. Sadece kader olgusunun altına sığınarak hareket etmezler.

Oysa birçok durumu değiştirme kudreti yaradan tarafından insanlara verilmiştir. Mıknatısın görevini bilirsiniz kendine benzer olan bir madde olursa çeker. Bilinçaltında olan durumları da bu şekilde düşünebilirsiniz. Eğer bir oyun oynuyorsanız ilk yapmanız gereken oyunun kurallarını bilmektir. Bilinçaltının gücünü etkin kullanmak için onun gücünü ve yasalarını öğrenerek kendi lehinize kullanmalısınız. Bilinçaltımızda belli bir inanç varsa, bilinçaltımız bu inanca uygun titreşimler yaratır ve bunu yansıtan veya buna uyan olayları ve insanları kendine çeker. Buna "Evrensel Titreşim" ve "Çekim Yasası" denir. Siz inansanız da inanmasanız da nasıl yerçekimi yasası varsa bu yasa da vardır ve hayatınızı etkiler.

Eğer bilinçaltınız, yaşamınızın zor geçeceğine inanırsa gerçekten yaşamınız zor olacaktır. Karşılaşacağınız olaylar ve insanlar hayatınızı zorlaştıracaktır. Bilinçaltınız paranın zor kazanılacağına inanırsa para zor kazanılacaktır. Para kazanmakta zorluk çekiyorsanız bilin ki bilinçaltınız, paranın kolay kazanılmadığına inandığı içindir. Karşınıza çıkan fırsatlar para kazanmak için insanüstü çaba göstermeniz gerekenler olacaktır. Zor geçen yaşamınız veya maddi durumunuzla ilgili başka hiçbir kimseyi suçlamanıza gerek ve neden yoktur. Yani, "Sizin gerçeklerinizi sizin bilinçaltınız yaratır." Hayatta başarılı olabilmesi için kişinin, tamamen ve adamakıllı anlaması gereken en önemli sözdür. Bilincimizin gücünü bir fikri kavramak için, bilinçaltımızın gücünü ise sonuca ulaşmak için kullanırız. Birçok kişi, bunun tersini yapar. Bilinçlerini neticeye ulaşmak için kullanırlar, bu da genellikle stres ve endişe yaratır. Bilinçaltınız bilgisayarınızın hard diski gibidir. Ekranda gördüğünüz ise sizin gerçeğiniz veya yaşantınızdır. Ekrandaki bilginin nereden geldiğini kendinize sorun. Hard diskten gelmesi gerekir değil mi? Eğer bilgisayar ekranı, sizin gerçeğinizi gösteriyorsa bu nereden geliyor? Bu benzetmeye göre, sizin bilinçaltınızdan geliyor.

Söylemek istediğim, sizin gerçeğiniz veya deneyimlemekte olduğunuz yaşam, bilinçaltınızdaki inançlarınızın bir yansımasıdır. Birçok insan sıkça iş değiştirmelerine rağmen nereye giderlerse gitsinler aynı sorunlarla karşılaştıklarının farkına varır. Anlamadığı ise, dışsal şartları değiştirmek yerine, içindeki inançları değiştirmesi gerektiğidir. İnançlarını değiştirince, yeni insanlar ve yeni işlere çekim hissedecek; dünyası da bilinçaltındaki inançlarının değişimine paralel olacaktır. Sizin gerçeğinizi yaratan inancın ne olduğuna siz karar veremezsiniz, bilinçaltınız karar verir. Birkaç kitap okuyunca hayatınızın bolluk içinde olduğuna inanmaya başlayabilirsiniz. Ama bilinçaltınız ikna olmamış olabilir.

Peki, bilinçaltınızın neye inandığını nasıl bileceksiniz? Cevap oldukça basittir; gerçekliğinize bakın. Sizin gerçeğiniz hayatınızın aynasıdır, içinizdeki inançları yansıtır. Eğer gerçekliğinizi sürekli olarak bilinçaltınızdaki inançları tekrar programlamada kılavuz olarak kullanırsanız hayatınızın asla aynı kalmayacağını garanti ederim. Bilinçaltının en büyük görevi sadık bir hizmetli olmasıdır. Bilinçaltında siz hayatın çok kötü, acımasız, adaletsiz olduğuna inanırsanız bu durumları çekmeniz çok muhtemeldir. Her anınızda çekersiniz diyemeyiz ancak evren enerji okyanusu olduğu için o durumları oluşturan olaylarla karşılaşırsınız. Sonra sürekli başkasını suçlar ve her şeyin tamamen sizin üzerinize geldiğini düşünebilirsiniz. Bilinçaltınız negatif durumlar ve inançlarla doluysa güzel olan bir olayda bile kötü olanı filtreleyip göreceksiniz. Bilinçaltındaki en etkili durum neye inandığınızdır. Birçok insan neye inandığının, nelerin onu etkilediğinin ve yaşadığı birçok durumun geçmişten gelen inançlarından kaynaklandığının farkında değildir. Bilinçaltı ile dost olmayıp farkında olmazsanız herhangi bir durumu değiştirme gücünü bulamazsınız. İnancınız sürekli negatif durumlar üzerine kuruluysa sonucu tahmin etmek zor olmaz. İnançlar öncelikle toprağa atılan tohumlar gibidir. Öncelikle bir durumla karşılaştığınızda durumu farkında olarak veya olmayarak onaylarsanız bilinçaltı bu durumu kabullenir. Eğer birkaç kez aynı durum ve benzeri olaylarla karşılaşırsanız tohum filizlenir. Daha sonrasında benzer olayları yaşadıkça filizlenen inanç daha da büyür.

Değiştirilmezse kalıcı hâle gelir. İnançların mantığını anlarsanız bilinçaltına giren düşüncelerin farkında olma durumuna ulaşırsınız. Farkında olan insan, artık bilinçaltındaki duyguların esiri değildir; onları kullanmak üzere harekete geçer.

Bilinçaltı, farkında olursanız sizi ve emirlerinizi dinleyen, farkında olmazsanız tamamen kodladığınız inanca göre davranan bir mekanizma olur. Biraz daha açalım. Farkında olduğunuzda bilinçaltında kodlanan inançlar artık kendi başlarına hareket edemezler. Bu durumu okul bahçesinde öğretmen olmadan kendi kafalarına göre takılan öğrencilere benzetebilirsiniz. Eğer onları düzende tutan bir öğretmen yoksa herkes bildiğini yapacak, kimisi koşacak, kimisi oturacaktır. Herkes bir düzen olmadan istediği gibi hareket edecektir. Oysa bu durumun farkında olan birey, öğrencilerin hangi sınırlar içerisinde ne yapması gerektiğini telkin ederek istediği durumda tutacaktır. Bilinçaltındaki enerjiler de böyledir. Bu enerjileri kontrol altına alırsanız sizin hizmetinizdeki askerler gibi olurlar. Bilinçaltından başlamak üzere her durumun anahtarı, farkında olma durumudur. Sizin farkında olma durumunuz, size bilinçaltının hizmet etmesi ile sizin bilinçaltına hizmet etmeniz arasındaki ince çizgiyi belirler. Bilinçaltını iyi kullanmak için öncelikle geçmişten gelen ve şu an devam eden, geleceğinizi etkileyecek o inançların farkında olmalısınız. Bilinçaltını hizmetinizde kullanabilmeniz için referans aldığınız inançların farkına varmalısınız. Sizi destekleyecek yönde kullanabilmeniz için dönüşüm adına adım atmalısınız.

BİLİNÇALTININ ÖZELLİKLERİ NELERDİR?

Doğru-yanlış, ahlaklı-ahlaksız, gerçek-hayal, mantıklı-mantıksız, iyi-kötü gibi ayrımların farkında değildir. Bilinçaltı bir bilgisayar programı gibidir, sadece verilerle ilgilenir. Veri hakkında yorum ya da değerlendirme yapmaz. Hayatımızın her evresini kayıt altına alır, bütün anıları kaydeder. Bilinçaltı zihnimiz, bilincimiz gibi akıl süzgecinden geçirmez; iyi ya da kötü her tohumu kabul eden toprak gibidir. Olumsuz düşünceler, zarar verici düşünceler bilinçaltı zihninizde olumsuz olarak çalışmaya devam ederler ve zaman içerisinde bilinçaltı düşüncelerle örtüşen dış deneyim olarak açığa çıkarlar. Bilinçaltı düşüncelerinizin iyi ya da kötü, doğru ya da yanlış olduğunu kanıtlamakla uğraşmaz. O, ne verirseniz onu olduğu gibi doğru kabul eder, yaşanılan olaylar içindeki duyguyu baz alarak kaydeder.

Varsayalım ki 3-4 yaşındasınız, yeni bir kardeşiniz daha oldu. Anneniz, babanız, babaanneniz bütün ilgiyi ve sevgiyi onun üzerine akıtmaya başladığında kalbiniz burulur, uzaktan seyrederseniz. İşte o anda hissettiğiniz aslında kıskançlık duygusudur. Fakat o duygunun adını o anda koyamazsınız çünkü kıskançlık duygusuyla ilk kez tanışmış oluyorsunuz. Daha sonra bu, çeşitli şekillerde farklı ortamlarda farklı senaryolarla tekrar tekrar önünüze çıkıyor.

Başka bir örnek; evin içinde oyun oynarken bir şey düşünüp kırarsınız. O zamana kadar bir şey kırmanın belki de herhangi bir şey ifade ettiğinin farkında değilsiniz. Fakat anneniz gelip bağırdığında ya da bir tokat attığında, bir dahaki sefere herhangi bir hata yaptığınızda boynunuz bükülür ve yine kötü bir şey olacağı, cezalandırılacağınız bilinciyle beklemeye başlarsınız. O andaki duygunuz aslında suçluluktur. O duygu da 30 yaşında, 40 yaşında, 50 yaşında her tetiklendiğinde tekrar tekrar hissedeceğiniz duygunun temelidir. Bilinçaltındaki ilk kodlar dediğimiz tam olarak budur.

30 maddede bilinçaltı

1- Bazı kavramları eğer takdirle, sevgiyle, ilgiyle onaylanarak öğrendiysek sorun yok. Ama maalesef kendi ebeveynlerimiz de kendi anne babalarından aldıkları bilgiyi bize aktardıkları için çoğumuzda bazı kodlar sıkıntılı. O yüzden kişinin önce kendini onaylaması gerekiyor. Onaylamayı anne babadan alamadıysa dışarıdan; partnerinden, arkadaşından, sevgilisinden, eşinden beklemeye başlıyor. Halbuki bu ilk çocukluk döneminde verilirse herhangi bir sıkıntı olmuyor. Doğru-yanlış bilmiyor.

2- Bilinçaltı genellemeler yapabilir, hatta bunu sıklıkla yapar. Örneğin; sizinle kavga eden bir arkadaşınızın adı Ali ise tüm Ali'lerin kavgacı olduğuna inanabilir. Ali size yanlış bir şey yaptıysa bütün Ali'leri aynı sepete koyabilir. Bu bir yöreyle, memleketle ilgili de olabilir. Mersin'deki bir arkadaşınızla ilgili sıkıntılı bir şey yaşadığınızda bütün Mersinliler'i aynı kefeye koyup "Mersinliler'den hayır yok!" şeklinde bir inanış geliştirebilirsiniz.

3- Bilinçaltı anı yaşar, onun için sadece şimdi vardır, zaman kavramı yoktur. Dolayısıyla gelecek ya da geçmiş yoktur. Siz, "Gelecekte zengin olacağım,", "Gelecekte başarılı olacağım,", "Gelecekte bunu yapacağım," dediğinizde bilinçaltı anlamaz. Bu sebeple bilinçaltına yönelik bir olumlama ya da bir çalışma yaptığımızda hep şimdiki anda yapıyoruz.

4- Bilinçaltının duyduğu kelimeyi cümleden bağımsız olarak kayıt edebilme özelliği vardır. Örneğin; "Sigarayı bırakmak istiyorum," deyince sadece sigara kelimesini kaydedebilir, sigara kelimesine tepki verebilir. "Bırakmak" ve "istiyorum" kelimeleri ile sigarayı yan yana getirebileceği gibi, eğer sigara ile ilgili güçlü bağlantıları varsa sadece bu kelimeyi de duyabilir.

5- Bilinçaltı değişimi sevmez, hiçbir şeyin değişmesini istemez. Değiştirmek istediğinizde tepki koyabilir ve sizi değişimden vazgeçirmek için tüm silahlarını kullanabilir. Çocuk gibi değişimi reddeder ve var olan bilgiyle hayatını devam ettirmek ister. Direnç gösterir. Kendi güvenli alanında kalmak ister. O yüzden eğer siz bilinçaltına yeni bir bilgi, tecrübe, kayıt vermek istiyorsanız ısrarla o şeyleri yinelemek durumundasınızdır.

6- Bilinçaltı rüyalarla kendini düzenler ve sıkışmış enerjileri ortaya çıkartarak kendisini rahatlatır. Rüyalarla dengelenir. Yani bastırılmış bir korkunuz, bastırılmış bir duygunuz varsa bilinçaltında ortaya çıkar. Rüyalar kişiye "Bastırmış duygularla, olaylarla, korkularla, travmalarla yüzleş ve özgürleş!" mesajını verir. Bilinçaltında tamir edilmesi gereken travmayı, noktayı gösterir. İyi bir rüya bilimcisi olan danışman, kişinin rüyalarından yola çıkarak travmalarına ulaşıp dönüştürülmesine yardım edebilir. Kişinin hiç fark etmediği ama tüm hayatını etkileyen bilinçaltı kodu, bir rüya ile kolaylıkla bulunur.

7- Bilinçaltı sembollerle konuşur, kelimelerden fazla resimlere tepki gösterir. Sembollere daha çok tepki verir; kelimelerden çok resimlere duyarlıdır, görüntülerle düşünür. Bizim düşünce dediğimiz çoğu zaman zaten görüntüdür. Örneğin; ben size "Bir kediniz var mı?" diye sorduğumda önce bir kedi görüntüsü aklınıza gelir.

8- Bilinçaltı tersten duyabilir ve anlayabilir. Cümleleri tersten duyan bilinç için bunları anlamak çok zordur ama bilinçaltı için çok kolaydır.

9- Bilinçaltı ilk 6 yaşa kadar temel özelliklerini, kayıtlarını tamamlar. Bundan sonra kendi kayıtlarına uygun yeni verileri kabul eder. Diğer verileri girmek için doğru ve ısrarlı çalışmalar yapmak gereklidir.

10- Bilinçaltında çağrışım en önemli etkilerden birisidir. Sürekli bir şeyler, ona başka bir şeyleri çağrıştırır; bir dosya, başka bir dosyayı açmasını sağlar.

11- Bilinçaltı aynı anda birçok işlemi yapabilir, birçok veriyi işleyebilir, otomatik olarak birçok işlevi yerine getirebilir. Kapasitesi çok geniştir. 0-6 yaşına kadar bütün temel kayıtlarını tamamlar. Aynı anda birçok veriyi işleyebilir. Varsayalım ki siz bir odaya girdiniz, o odada birçok obje vardır. Siz, görüntüde aslında bir kişiyle konuşursunuz ya da bir şeye dikkat edersiniz. Bilinçaltı sizin o an çok dikkat etmediğiniz şeyi de alır ve kaydeder.

12- Bilinçaltı kolektif bilinçaltı ile bağlantılıdır, bu nedenle başka insanların bilinçaltından da etkilenir.

13- Bilinçaltının espri anlayışı yoktur, şakadan anlamaz. Söylenen her şeyi gerçek kabul eder. Bu kısım önemli. Bazı arkadaşlarımın esprili bir dille "Ben bu gidişle çok yaşamam," ve "Beni hasta ettiniz," gibi cümleleri çok sık kurduğunu görüyorum. Üstelik farklı zamanlarda, farklı ortamlarda tekrar ediyorlar bunları. Böylelikle bir de güçlendiriyorlar ve hayatlarında tezahür ediyor. Bilinçaltının şaka kavramı olmadığı için söylenen her şeyi, şaka yollu söylediğiniz negatif şeyi bile maalesef kayda alıyor ve daha sonra bunu bir şekilde ortaya çıkarıyor. Yani kendini gerçekleştiriyor. Çünkü söylediğiniz her şeyi aslında bir nevi komut gibi algılıyor. O nedenle ben her zaman şunu söylerim; söylediğiniz ve kullandığınız kelimelerin, cümlelerin düşündüğünüzden ve sandığınızdan çok çok daha fazla etkisi var. Bu sebeple kullandığımız kelimelere çok dikkat edelim.

14- Bilinçaltı duygusal değildir ama duyguların enerjisinden birebir etkilenir. Kimsenin bilinçaltı merhametli değildir ama merhamet duygusu bilinçaltında birçok çağrışım yapabilir, birçok veriyi harekete geçirebilir ve kişinin kararlarını etkiler.

15- Bilinçaltı aynı küçük bir çocuk gibi, ısrarcı ve sabırsızdır. İstediği bir şey hemen olsun ister ve her koşulda ısrara devam eder. Bir davranış kişiye zarar verse bile bunu ısrarla yapabilir çünkü bilinçaltında doğru-yanlış, zararlı-zararsız gibi kavramlar yoktur; salt istek vardır. Birçok kişinin kendisine zarar veren ilişkilere, alışkanlıklara ve davranışlara devam etmesinin altında bu dinamik vardır. Eğer bilinçaltını değiştirmek istiyorsanız siz ondan daha ısrarcı olmalısınız. Mesela küçük bir çocuğa, "Fazla çikolata sana zararlı, yememen lazım!" derseniz çocuk ısrarla ister, hatta ağlar ve zararlı olsa da ister. Benzer konuyu bağımlı ilişkilerde görürüz. Yani karşısındaki partneri kendisine zarar verdiğini gördüğü hâlde bırakmaz, kopamaz. Çünkü orada tamamen bilinçaltında ağladığı bir şey var ve onu o yönettiği için mantıklı aklı maalesef o anda söylenileni anlamakta, algılamakta zorlanıyor ya da anlasa bile bunu pratikte hayata geçirmekte zorlanabiliyor.

16- Bilinçaltı asla dinlenmez, uyumaz ve çalışmayı bırakmaz. Kişi yaşadığı sürece işlem yapmaya devam eder. Biz uyurken de saçlarımız uzuyor, tırnaklarımız uzuyor, bütün iç organlarımız çalışmaya devam ediyor... Bunu da bilinçaltı yönetiyor. Yani bilinçli zihnimiz bir uyuduğumuzda kesintiye uğruyor ama bilinçaltı asla uyumuyor, asla dinlenmiyor, asla kesintiye uğramıyor. Bu nedenle komadaki bir kişiye söylediğiniz şeyleri bile onun bilinçaltı alıyor. Ve yine bu nedenle hastalara bazen müzik dinletirler, birtakım telkinler verirler ya da sevdiği insanlar başucunda konuşurlar. Hatta bunu uykudayken birine yaptığınızda o kişi de konuştuklarınızı duyar.

17- Bilinçaltının abartıcı bir doğası vardır. Özellikle korkuları abartarak kişinin kaygı düzeyini yükseltebilir. Mesela mutfakta küçücük bir tıkırtı olsa siz gece yatarken bir anda korkarsınız ve aklınıza en sıkıntılı düşünceler ve kareler düşer, değil mi? Mutfakta birisi mi var? Acaba bir hırsız mı var, bana zarar mı verecek? İzlediğimiz filmlerdeki o kötü sahneler aklımıza gelir ve korkarız, değil mi? Bilinçaltı bunu sadece korku konusunda yapmaz, hemen her konuda abartmayı sever.

18- Bilinçaltı tekrarlara karşı duyarlıdır. Bir düşünceyi, duyguyu ya da cümleyi sürekli tekrar ederseniz bunu en sonunda kaydeder. Bilinçaltına yeni kayıt girmek istiyorsak bu tekrarla mümkün olur. Bilinçaltında negatif olan bir durumu değiştirmek için, yeni seçtiğiniz, yani kodlama yapmak istediğiniz durumu öncelikle netleştirmeniz gerekir. Örneğin; sizin çabuk kırılan çok hassas bir yapınız var ve artık, her şeye alınan bir yapınız olmasın istiyorsunuz. Kodlama yapmanız gereken bilgi, "Ben gücün kendisiyim," telkinini seçtiniz. Öncelikle telkini tekrar ettiğinizde bilinçaltınız direnç gösterecektir. Bilinçaltı değişimi sevmez, korkar, kendini korumaya alır. Buradaki direnci kırmanın yolu tekrarlardır. "Bir şeyi 40 kere söylersen olur," deyişi halk arasında çok kullanılır. Tekrarın bilimsel ve kişisel gelişim alanında ne kadar önemli olduğunun vurgusunu sağlamaktadır. İlk söylediğinizde bilinçaltı bu duruma direnç gösterirken kararlı ve devamlılığını görünce bilinçaltının duvarları yavaşça inmeye başlar. Kararlı olmanız değişim için çok önemlidir. Bildiğiniz üzere beş duyu ile insan dünyayı deneyimler. Beş duyu içerisinde en etkin olan görme ve işitmedir. Bilinçaltında bir durumu tekrar ederken kendinizi o tekrar ettiğiniz görüntü içerisinde görüntüsel olarak görmeniz bilinçaltına daha kolay iletilmesini sağlayacaktır.

Bilinçaltında değişim yapmanın birçok yolu vardır. Tek başına bir metot da kullanabilirsiniz. Birkaç metodu kombinasyon yaparak da uygulayabilirsiniz. Örneğin, "Ben gücün kendisiyim," olumlamasını seçtiğinizde, güçlü olmakla alakalı güçlü bir kelime kullanmış oluyorsunuz. Sonrasında zihin dünyanızda, güçlü olan halinizi imgelemelisiniz. Daha dik, rahat, özgüvenli bir duruş, kararlı bir bakış gibi sizi güçlü kılacak durumları zihin ekranınızda oluşturup kelimelerinizle güçlendirmelisiniz. Pozitif telkinlere siz az da inansanız çok da inansanız, bilinçaltı tepkisiz kalamaz.

"Ben kararlı bir insan olmayı seçiyorum", "Ben hayatıma güzellikleri seçiyorum", "Ben özgüvenli bir insanım" gibi telkinleri sıkça tekrar ederek bilinçaltına kabul ettirmelisiniz. Bilinçaltına kodlama yaparken şüphelere az yer vermelisiniz. Bir yandan telkin verirken diğer yandan tam tersini düşünürseniz nötr bir durum oluşturur, herhangi bir etki alamazsınız. Şüphe gerekli ve yerinde çok iyidir. Ancak sürekli şüphe duyan bir ruh haliniz varsa şüphelere güç verip kendinizi dibe çekersiniz. Burada temel etken inançtır. Başta az inanç olsa inanarak yola çıktığınızda zamanla inancınızın daha kuvvetleneceğini, tekrarlarla pekişeceğini bilmelisiniz.

Hayattaki başarıların temelinde tekrarlar ve esneklik gelmektedir. Bilinçaltında tekrar ettiğiniz olumlu, pozitif durumları kabul ettirirken esnek olmalı, size en uygun kelimeyle ifade ederek imgeleme yapmalısınız. Bilinçaltına tekrar tekrar olumlu telkinleri kodlarken görüntü olarak o durumun içine kendinizi tam vermeli ve bu durumu yaşamalısınız. Bilinçaltının tekrarlarla pekişmesindeki temel sebep beyindeki nöronları uyararak, orada bir titreşim oluşturarak madde dünyasına durumu çekmektir.

19- Bilinçaltı, kişinin hissettiği nefret gibi olumsuz duyguları kaydeder ve bu duyguları uygun bir ortamda ortaya çıkartır. Bilinçaltının intikamı sevdiğini söyleyemeyiz ama "İçindeki nefreti açığa çıkartmak için bir yol bulur," diyebiliriz. Bilinçaltı bir şeyden nefret ediyorsa, birine karşı bir kızgınlık ya da bir kinle dolduysa onu kaydediyor. Ortamını bulduğu anda da boşaltıyor.

Nasıl yapıyor bunu?

Varsayalım ki biriyle tartışıyorsunuz. O anda istemediğiniz şeyler söylüyorsunuz ve "Eyvah, ben ne dedim!" ya da "Keşke bunu söylemeseydim!" diyorsunuz. Çünkü bilinçaltı o anda içinizde ne varsa o öfke esnasında bir nevi kusuyor. Peki, başka ne zaman yapıyor bunu? İnsanlar alkol aldıklarında bir eşik vardır. O eşiği geçip de sarhoş olunduğunda da aynı şey ortaya çıkıyor. Biraz daha bilinç geriye çekilip bilinçaltı ortaya çıktığı için o korktukları şeyi rahatlıkla yapabiliyorlar ya da çekindikleri şeyi rahatlıkla söyleyebildikleri görülüyor. İçlerinde ne varsa bunu çok rahat bir şekilde paylaşabildikleri görülüyor. Bunun sebebi otokontrolün geriye çekilmesi, bilinçaltının serbest kalmasıdır.

20- Bilinçaltı ince ayrımlar yapmakta zorlanabilir. Örneğin; bilinçaltı için parasını sokakta düşürmekle iflas etmek aynı anlama gelebilir çünkü ikisinde de para kaybı söz konusudur.

100 TL kaybettiyseniz buna 100.000 TL kaybetmiş gibi tepki verebilir. Yani ha 100 TL kaybetmişsiniz ha 100.000 TL, o sadece para kaybetme duygusunu bilmektedir. "Eyvah, param kayboldu!" hissini bilir, aradaki o ince ayrımı maalesef bilmez. Bu sebeple küçük şeylere de büyük tepkiler verebiliriz.

21- Bilinçaltının dili 5 yaşında bir çocuğun dilidir, sade ve açık anlatımlardan anlar. Eğer bilinçaltınıza "Ben çok zenginim," derseniz bunu anlayacaktır. Ama "Evrenden gelen zenginlik tüm enerji kanallarıma akıyor, yüksek benliğim aracılığıyla bana ulaşıyor," gibi bir şey söylerseniz 5 yaşında bir çocuk bundan ne anlarsa bilinçaltı da ancak o kadarını anlayacaktır. Bilinçaltı net, kısa ve açık şeyleri sever. "Ben her şeyi sattığımda, emekli olduğumda, bir de şuradan miras kalırsa zengin olacağım," cümlesinden hiçbir şey anlamıyor ama "Ben zenginim," cümlesini anlıyor. Eğer bilinçaltına bir şey verecekseniz, tıpkı bir çocuğa söyler gibi kısa, açık ve net vermelisiniz.

22- Bilinçaltı kişinin tutumlarını ve davranışlarını direkt olarak etkiler. Sahip olduğu kayıtlara göre kişinin tepkiler vermesini ve kararlar almasını yönetir. Örneğin bilinçaltında, "Ben başarılı bir insanım" kaydı olan bir insan kendisine başarı getirecek işlere otomatik olarak yönlenir, sonu başarılı olacak kararlar verir ve onu başarıya taşıyacak durumları hayatına çeker.

23- Bilinçaltı bütün bu özelliklerinin dışında kendi kayıtlarına uygun olayları gerçekleştirmek için durmadan çalışır. Kendi inançlarını kişinin hayatına çeker ve inandığı her şeyin gerçek olması için çalışır. Kolektif bilinçaltına ve dolayısıyla kolektif bilince bağlı olduğu için bunu yapması çok kolaydır. Eğer bilinçaltınız fakirliği hak ettiğinize inanıyorsa bunu gerçekten deneyimlemeniz için gerekli şeyleri yapacaktır, buna emin olabilirsiniz.

24- Bilinçaltı bilinçli zihinden emir alır. Burada ya siz bilinçli olarak bilinçaltına emirler verirsiniz ya da bunu bilinçsizce yaparsınız ama mutlaka yaparsınız. Eğer bilinçli bir şekilde emir vermeyi başarırsanız bilinçaltındaki verileri değiştirebilir, yeni veriler girebilir ve bilinçaltınızın sizin istediğiniz hayatı gerçekleştirmesi için çalışabilirsiniz. Birçok kişi bunu zaten bilinçsizce yapıyor. Örneğin, sabah saat yedide kalkmanız gerekiyorsa sabah saat yedide sizi uyandırır. Kendi hayatımdan örnek vermem gerekirse; ben telefonumu saat altıya kurduğum hâlde yatarken zihnime de bu komutu veririm ve daha alarm çalmadan kendiliğimden uyanırım.

25- Bilinçaltı hiçbir şeyden şüphelenmez ve sorgulamaz. Bu nedenle bilinçaltınıza hangi komutları verdiğinize dikkat etmelisiniz. Mutlaka bir hedef istiyor, o hedefi de detaylı istiyor.

Nasıl detaylı istiyor? Yani siz hedefi, "Birisiyle evleneceğim," diye koyduğunuzda herhangi birisini hayatınıza çekiyor ve sonra diyorsunuz ki "Ama ben bunu istememiştim." Bunları yaşamamak için yaratım, talep, hedef belirleme noktasında hedefi netleştirmeniz gerekiyor. "... boyda birisiyle, ... eğitimde, ... kariyerde, ... yaşta birisiyle evlenmek istiyorum," diye mutlaka o hedefi netleştirmeniz lazım. Keza bu bütün hedefleriniz için geçerlidir. Aksi hâlde bir taksiye binip "Beni karşıya geçir," demeye benzer. Bir taksiye bindiğimizde nereye gitmek istiyorsak mahalle ya da semtine kadar söyleriz, değil mi? Tam hedef için evin numarasına kadar söylemek durumundayız. Bilinçaltı da bizden net bir şekilde böyle hedef istiyor. O yüzden bir hedef göstereceksemiz bunu mümkün olduğunca anlaşılır, net ve açık bir şekilde yazmanız çok ama çok önemli. Diğer yandan, bilinçaltı kendi kayıtlarında ne varsa onu çekiyor. Bu nedenle ne düşündüğümüzü, neleri kodladığımızı bilmemiz dönüştürebilmemiz adına çok önemlidir.

26- Bilinçaltınızda birçok kayıt birbiriyle bağlantılıdır. Bir kayıt diğerini etkiler, tetikler, açığa çıkartır. Birçok korku başka bir korku ile bağlantı halindedir. Bu nedenle bilinçaltına bütünsel olarak bakmak gerekir.

27- Bilinç daha fazla tümevarım, bilinçaltı ise tümdengelim düşünme sistemine eğilimlidir.

28- Bilinçaltının psişik yetenekleri vardır, gelecekteki bir olayı görebilir, önceden tedbirler alabilir, kişiyi uyarabilir. Bir tren ya da uçak kazası olduğunda son anda binmeyenler şöyle açıklamalar yapmışlardır; "Içimden bir ses gitme, binme, yapma," dedi. Orada aslında bilinçaltı için zaman kavramı olmadığından geçmiş ve gelecek kavramı olmadığından, anda ve şimdide olduğundan ve -bana göre- şimdiki andan başka an olmadığından gelecekle ilgili bir dalgayı da yakalıyor ve aslında bir nevi bizi uyarıyor. Bazen bunu rüyada da yaptığı oluyor. Olacak olan olayları rüyamda gördüğüm çok olmuştur. Bir sonraki gün ya da belki 3 gün sonra o rüyamda gördüğüm şeyi yaşamışımdır.

29- Bilinçaltı, bilincin dikkat etmediği şeylere daha fazla dikkat eder ve otomatik olarak kaydeder. Bilincin dikkat ettiği şeyleri ise kayıt etmek için anlamlı bir çaba ve tekrarlar gereklidir.

30- Bilinçaltının sanatsal yetenekleri vardır, üretim yeteneği çok gelişmiştir ve hayal gücüne sahiptir. Ancak tek sorun hayal ile gerçeği ayırt edememesidir. Eğer kişi kendi hayallerini bilinçli olarak kurmazsa bilinçaltı için bunlar katı bir gerçek olacaktır. Gerçek olanla olmayanı ayırt edemez.

Bu ne anlama geliyor? Örneğin; bir kişi, bir dizi oyuncusu, bir rolü iyi oynayabilmek için o karakteri ezberliyor. Onun duygusunu hissetmeye çalışıyor ve o rolü oynuyor. Onun bilinçaltı rol yaptığının farkında değildir. "Hayatı oynadığı filmlerdeki gibi oldu!" tarzında haberleri duymuşsunuzdur. Bazen dramatik sonlarla da karşılaşanlar var. Aynı bu şekilde bilinçaltı gerçek olanla olmayanı ayırt edemediği için bütün hayatımızda farkında olmadan bunu harekete geçirebilir.

Peki, nasıl yapıyoruz?

Size bir örnekle anlatayım. Beyninizin içinde 100 milyar tane nöron var. Bu nöronlar birbirine bağlandığında "bir sinaps" diyoruz. Siz bir olay yaşarken, bir sıkıntı yaşarken beyninizde bir düşünce oluşuyor ve o olayı beyninizin bu noktasına kaydediyorsunuz. Aradan birkaç gün geçtikten sonra bunu annenizle ya da bir arkadaşınızla konuştuğunuzda aynı nöronlar bir daha aktif oluyor. Yani yanıp sönüyor. Daha sonra bunu düşündüğünüzde de aynı şey oluyor. Yani aynı nöronlar yine aktif oluyor.

Bunun bizim hayatımıza yansıması ne?

Siz bu düşüncelerle dışarıya düşünce dalgaları saçarsınız ve çekim yasası devreye girer. Bu negatif bir olaysa o anda düşük frekanslı duygular yaşıyorsunuz ve çekim yasası size yine düşük frekanslı olayları çekiyor. O yüzden ben danışanlarıma ya da eğitimlerimde hep şunu söylerim; "Lütfen herhangi bir konuda, olmuş bir olayla ilgili şikâyeti kesin. Çünkü bilinçaltı her şikâyet ettiğinizde aslında aynı olayı tekrar yaşıyormuş gibi algılıyor." Ve bilinçaltı şöyle düşünüyor; demek ki bu durumdan memnun diyor ve aynı şeyleri, koşulları tekrar hayatımıza çekiyor.

O nedenle bunu özellikle altını çizerek söyleyeyim; herhangi bir sıkıntılı olay yaşadığınızda, yapıcı bir şekilde elbette arkadaşlarınızla konuşabilirsiniz ama bunu tekrar tekrar konuşmaya başladığınızda hep aynı nöronları harekete geçirip aslında aynı olayı tekrar hayatınıza çekmiş oluyorsunuz. Başka bir deyişle evrene bir tekrar emri veriyorsunuz ve bilinçaltı da "Hay hay!" diyor, "Sen ne dersen o!" Bilinçaltının bu özelliği, yani gerçek olanla olmayanı ayırt edememesinin dezavantajı bu.

Avantajı ne?

Ben gözümü kapadığımda bir şeyi gerçekten düşünüyor muyum, görüyor muyum, yaşıyor muyum fark etmiyor. O zaman ben aslında olmayan bir şeyi de imgelerim. Çünkü o eğer ayırt edemiyorsa bir nevi bilinçaltını kandırırım ve o şey varmış gibi düşünerek hayatıma çekerim. Bu şekilde düşünecek olduğunuzda aslında elimize muhteşem bir araç veriyor. Yani olmayan bir şeyi varmış gibi imgelersem bilinçaltım sonuncuyu, imgelediğim şeyi alıyor. Bakın NLP'de SWITCH TEKNİĞİ diye bir teknik vardır. Bu teknikte biz şunu yaparız; kişi bir olayı kodladığında ya görsel ya eşitsel ya da zihinsel olarak kodlar, ilk önce ne şekilde kodladığını ortaya çıkarırız. Örneğin, o kişi kötü bir şekilde kodladıysa -mesela görsel olarak o kişinin yüzünü kodladıysa- bana şöyle tarif eder; "O yüzündeki ifadeyi görseydiniz…" Demek ki görsel kodlamış. Ya da "Sesi çok kötüydü, sesi nefret doluydu!" Demek işitsel kodlamış. Ya da "Bir tokat attı,", "O anki duygum çok kötüydü," diye anlatır. Bana şimdi biz biliriz ki insanın canını acıtan aslında kodlama biçimidir; o kodları değiştirirsek kişinin canının artık o kadar acımayacağını da biliriz. SWITCH TEKNİĞİ bize bu imkâanı verir; o kodların yerine yenisini getiririz. Başka bir deyişte bilinçaltına şunu deriz; "Sen aslında yanlış hatırlıyorsun, böyle bir şey yaşanmadı, bu yaşandı." Yeni bir resmi getiririz ve bunu çok güçlü bir şekilde verirsek, yani temsil sistemlerini orada görsel-işitsel-duygusal olarak çok kuvvetli kullanırsak aşağıdaki kalır eski bir resim gibi ama ağırlığı kalmaz, duygusal ağırlığı kalmaz ve bu, yenilgiyi kabul eden bilinçaltınızdır. Bilinçaltının bu özelliğinden faydalanarak NLP ve Kuantum teknikleri üzerinde çalışıyoruz ve yeni bir gelecek inşa etmek için bu özelliğinden faydalanıyoruz. SWITCH TEKNİĞİ hakkında detaylı bilgiyi kitabın teknikler kısmında bulabilirsiniz.

BİLİNÇALTINI TEMİZLEME NEDİR? BİLİNÇALTI TEMİZLENİR Mİ?

Bilinçaltı temizliği, düşünüldüğü şekilde var olan bilgileri bir bilgisayardan veri siler gibi silmek değildir. Bilinçaltı yıkama ya da temizleme kavramı yanlış kullanılmaktadır. Bilinçaltı insanın anne karnına düştüğü andan itibaren başlayan bir kayıttır. Kişinin kendi deneyimlerine ek olarak ailesi, arkadaşları, okulu ve çevresinden gözlemlediği, öğrendiği tüm deneyim, davranış ve inanç kalıpları temelinde her şey bilinçaltında gerçekleşir. Dolayısıyla "bilinçaltını temizlemek" gibi bir şey mümkün değildir.

Bugüne kadar yaşadığımız her anı, her düşüncemiz, her konuşmamız bilinçaltımızda kayıtlıdır; öğrendiğimiz her şey bilinçaltımızdadır. Bilinçaltı temizlenemez fakat dönüştürülebilir. Bizi rahatsız hissettiren, sıkıştıran, tekrar eden negatif duygu, düşünce ve davranışlarımızı fark ederek dönüştürülebiliriz. Bilinçaltı temizliği kavramından kasıt; geçmişte yaşadığımız travmalar, unutamadığımız olaylar ve bunların duygusal izleri ya da farkında olmadığımız ancak daha önceki algılarımıza göre çeşitli inanç kalıpları geliştirerek oluşturduğumuz, bizi rahatsız eden, bir türlü özgürleşemediğimiz duygularımız, düşüncelerimiz, alışkanlıklarımız ve davranışlarımızdan çeşitli tekniklerle özgürleşmektir. Aslında bu süreç temizlikten ziyade bir dönüşümdür.

BİLİNÇALTINA YENİ BİR KAYIT İÇİN KAÇ GÜN GEREKİR?

Bilinçaltına yeni bir kayıt girmek için yapılan çeşitli çalışmalar mevcuttur. Genel olarak bu değişim süresi ortalama 21 gün olarak ifade edilir. Bilinçaltı tekrarla kaydeder. Bilinçaltının tekrarla pekişmesindeki temel sebep, beyindeki nöronları uyararak, güçlendirerek orada bir titreşim oluşturmasıdır. Böylelikle orada bir bağlantı oluşur ve bu titreşim bizden yayıldıkça bunu oluşturacak olayları hayatımıza çekebiliriz.

Kuantum fiziği, sinir hücrelerinin 21 günde benzerlerine bölündüğünü, hücreler arası yeni geçiş yolları oluştuğunu, bu sayede yeni nöron bağlantılarının ortaya çıktığını savunmaktadır. Bir alışkanlığımızı değiştirmeye karar verdiğimiz andan itibaren güçlü elektriksel sinirler çalışmaya başlayacaktır. Bunlar beyinde öğrenme işimize hizmet edecek ve yeni bir bilginin kalıcı hafızada dönüşümü için çabalayacaklardır. 21 günlük tekrarların sonunda siz farkına varmadan bilgiler kalıcı öğrenmeye dönüşecek ve siz, yeni bir alışkanlık kazanmış ya da alışkanlığınızdan vazgeçmiş olacaksınız. Yaşamın bir bakıma tekrar eden olaylardan ibaret olduğunu düşünebilirsiniz. Kayıt altında tuttuğunuz her şey, bilinçaltınız, sizi siz yapan davranışları oluşturacaktır. Bu davranışları değiştirmek çok kolay olmasa da 21 gün kuralı ile alışkanlıklarınızı değiştirebilir, geliştirebilir ve yeni alışkanlıklar kazanabilirsiniz.

Bazı durumlarda değişme süresinin 90 ila 120 gün arasında olduğu görülür. Bu süre bilinçaltının, güvende tutma ve koruma amaçlı direnç göstermesinden kaynaklanır. Değişiklikleri ve yenilikleri sevmeyen bilinçaltı bunları riskli olarak görür ve başlangıçta kendini korumaya alır. Bunu önlemek için aynı davranışın sürekli tekrar edilmesi gerekir. Özellikle 21 gün boyunca ara vermeden tekrar yapmak bilinçaltının bu yeni değişimi kabul etmesini sağlar. Birçok insanın bilinçaltı kayıtlarını değiştirememesinin sebebi hemen pes etmelerinden kaynaklanır.

BİLİNÇALTIMIZA NASIL MESAJ GÖNDEREBİLİRİZ?

Bilinçaltımıza mesaj göndermenin pek çok yolu vardır. Bunlardan en etkili ve en kolayı; "Karton Tekniği"dir.

KARTON TEKNİĞİ

Yaşamınızda hemen şimdi yoğunlaşmak istediğiniz birkaç ana hedefi belirlemekle başlayın. Örneğin, daha hızlı öğrenmeyi ya da sigarayı bırakmayı isteyebilirsiniz. Bu hedefinizi, "Ben hızla öğrenirim" ya da "Sigarayı bırakıyorum" gibi basit, kısa ve olumlu bir onaylama cümlesi şeklinde yazın. Ne olsun istiyorsanız onu yazabilirsiniz. Onaylama cümlenizi, beyaz bir kartonun üzerine açıkça ve kalın siyah keçe kalemle yazın. Üç ya da daha fazla kart hazırlayabilirsiniz ya da hepsini bir kartona yazabilirsiniz. Bunları bir elektrik feneriyle birlikte yatağınızın kenarına koyun. Elektrik feneri yoksa cep telefonunuzun ışığını kullanabilirsiniz. Bilinçaltı zihninizin kabul etme kapasitesinin yüksek olduğu anı yakalayacağız. Bilinçaltınıza girişi sağlayan kapının sonuna dek açık olduğu gece yarısı onu uyaracağız. Çalar saatinizi sabah 03.00'e veya 04.00'e kurun. Bu, gece yattığınız saate göre de değişir; uyuyacağınız saatten 3-4 saat sonrası gibi düşünün. 22.00'de uyuyorsanız gece 02.00'ye ya da 03.00'e, 24.00'te uyuyorsanız gece 04.00'e veya 05.00'e kurun. Dikkat etmeniz gereken bir diğer nokta, odanın karanlık olması ve televizyonun ya da odanın ışığının açık olmaması. Şartları yerine getirdikten sonra yapmanız gereken, alarm çalınca kalkıp yazmış olduğunuz kartona karanlıkta ışık tutarak bakmak. İşin püf noktası, odanın zifiri karanlık kalması ve sadece ışık tuttuğunuz kartonun üzerindeki yazıları görmeniz. Okumanıza bile gerek yok, sadece bakmanız yeterli; sözcükleri bilinçli olarak okumaya çalışmayın. Birkaç defa feneri ya da telefon ışığını kapatıp açarak bakın ve sonra her zamanki gibi uyumaya devam edin. Bu kadar.

Biraz önce bilinçaltınıza bir dizi mesaj gönderdiniz. Bu çalışmayı en az 21 gün yapın. Bir inancı bilinçaltına yollamanın en güzel yollarından bir tanesi de tekrar etmek ve şüphe duymamaktır. Akşam uyumadan hemen önce ve sabah kalktığınızda en az birkaç defa tekrar edin. İnançlarınıza "-ecek -acak" zaman eklerini koymayın; yani "yapacağım, inanacağım" gibi kelimeler değil de şimdiki zaman veya geniş zaman ekleri ile cümleler kurun. Mesela, "yapıyorum, yaptım, sahibim" gibi. Korku ve şüphe duyduğunuz anda bu inancı tekrar edin ve asla nasıl diye düşünmeyin siz sadece o istediğiniz şeye, şu an sahip olduğunuza inanın fakat kasmadan, zorlamadan, kaygı duymadan... Beklenti içine de girmeyin çünkü beklentinin içinde de bir korku ve şüphe vardır. Sadece emin olun ve zamana bırakın! Bu arada siz, tabii ki bu inancın kulplarına, yani gerekli vasıta ve şartlara riayet etmelisiniz.

Bilinçaltı bütün evrenle bağlantı halindedir ve inancınızı desteleyecek her türlü vasıtayı arar. Farz edelim ki siz bir eş arıyorsunuz ve eşinizin özelliklerini belirleyip o eşe kavuşacağınıza inanmışsınız ve bundan hiç şüphe duymuyorsunuz. Bu eşi bilinçaltı sizin karşınıza çıkartmak için bütün evrenle bağlantıya geçer. Her yere frekanslar yollar ve aradığınız eş profiline uyan adayları sizin karşınıza tek tek çıkarır. Sizi dürtü, istek, rüya, kısmet ya da fırsat gibi aniden gelen şeylerle hedefe götürür.

BİLİNÇALTINIZ SİZİNLE KONUŞABİLİR Mİ?

Evet. Bilinçaltınız sizinle sezgileriniz aracılığıyla konuşur. Şu anda sezginin çok özel veya ruhsal olduğunu düşünebilirsiniz. Aslında öyle değildir. Harvard Business School'dan Prof. Dr. Isenberg, karar verme teknikleri üzerine, 2 yıllık bir çalışmada, üst kademe yöneticilerinin %80'inin karmaşık ve insanlarla ilgili kararlarında sezgilerini kullanmayı tercih ettiklerini keşfetti. Başarılı iş insanlarına nasıl karar aldıklarını sorun. Çoğu, içgüdülerini söylemişlerdir.

İçgüdü nedir?

İçgüdü sizin sezginizdir. Sezgi, günlük değerlendirme sürecinin bir parçası olmalıdır. Siz onu kullandıkça ve güvendikçe, size daha iyi hizmet edecektir. Siz de bilinçaltınızla konuşabilirsiniz, özellikle uykuya dalmadan önce ona komut verebilirsiniz. *Bilinçaltının Gücü* kitabının yazarı Joseph Murphy uyku ve bilinçaltı ilişkisi konusunda şöyle demiştir; "Uyumadan önce bilinçaltınıza bir sorununuza çözüm geliştirme görevi verin; biz uyurken bilinçaltı çalışmaya, üretmeye, problem çözmeye devam edecektir."

Şimdi size bir olumlama metni vereceğim. Bu, Joseph Murphy'nin uyumadan önce yaptığı ve danışanlarına yaptırdığı, mucizevi dönüşler sağlayan bir olumlama metnidir. Ben de uyumadan önce okuyorum. Bir kere okumanız yeterlidir;

içinizden ya da sesli olarak her akşam okuyabilirsiniz. Ayrıca bir başkasına şifa göndermek için de yapabilirsiniz.

Kendiniz için;

Bilinçaltımın iyileştirici zekâsı, şimdi her hücreyi, her dokuyu, her siniri, kemiği, kası, damarı onarıyor. Hücrelerim temizleniyor ve yaşam enerjisi, iyiliği ve güzelliği varlığının her atomunda kendini gösteriyor. Her hücre, her sinir, her doku ve her organ şu anda iyi, saf ve mükemmel bir hâle geliyor. Bütün vücudum sağlığa ve uyuma kavuşacak şekilde onarılıp canlanıyor. Artık mükemmel derecede sağlık, uyum ve huzur veren iyileştirici şifaya açığım. Şükürler olsun.

Bir yakınınız için;

Bu niyetim ... (kişinin adını söyleyin) için bilinçaltının iyileştirici zekâsı, şimdi her hücreyi, her dokuyu, her siniri, kemiği, kası, damarı onarıyor. Hücreleri temizleniyor ve yaşam enerjisi, iyiliği ve güzelliği varlığının her atomunda kendini gösteriyor. Her hücre, her sinir, her doku ve her organ şu anda iyi, saf ve mükemmel bir hâle geliyor. ...(kişinin ismini söyleyin) artık mükemmel derecede sağlık, uyum ve huzur veren iyileştirici şifaya açık. Şükürler olsun.

Bu şekilde bir başkası için de her akşam söyleyebilirsiniz. Bu, çocuğunuz, anneniz, babanız, kardeşiniz, eşiniz ya da sevdiğiniz, tanıdığınız herhangi biri olabilir.

BİLİNÇALTININ GÜCÜNÜ NASIL KULLANIRIZ?

Bilinçaltının gücünü yaşamımızda yapıcı ve yıkıcı enerjiler şeklinde farkında olmadan kullanıyoruz. Bilinçaltını yapıcı kullanan herkes bu gücün mükemmel nimetlerinden en üst düzeyde faydalanır. Bilinçaltının yapıcı gücünü kendi avantajına kullanan kişi her an, her yerde istediğini gerçekleştirmek üzere hayatına tezahür ettirebilir. Bilinçaltının yapıcı gücünü kullandığınızda isteklerinizi çok hızlı bir şekilde hayatınıza çekebilirsiniz. Bilinçaltının gücüne inanmamanız, sürekli şüphe hâlinde olmanızdan kaynaklanır. Örneğin; siz "Bu işin üstesinden gelirim," dediniz. Bunu derken eksikliklere ve engellere odaklanırsanız şüphelerimiz için güç verirsiniz. Kodlanan bilgi ile bilinçaltı der ki, "Sen bir şeyi 'Yapabiliyorum,' diyorsun ama aslında hiç bir şey yapamıyorsun. Kendine dahi inanmıyorsun!" Buradaki temel nokta, tam imandır. İman dediğimiz durum sadece sorgusuz sualsiz kabullenme değil, isteklerine sürekli şüphe vermeden kendine güvenip güçlendirmektir.

BİLİNÇALTINI YAPICI KULLANIRSANIZ NELER OLUR?

1- İsteklerinizi hızlı tezahür ettirirsiniz.
2- Kendinize daha fazla güvenirsiniz.
3- Daha pozitif olursunuz.
4- Hayata bakış açınız değişir.
5- Başkasıyla kavganız biter.

6- Kendinizi keşfedip hızlı yol alabilirsiniz.
7- Başkalarına yardımcı olabilirsiniz.
8- Bütüne katkı sağlarsınız.
9- Hücreleriniz, bedeniniz, ruhunuz yenilenir.
10- Başarmanın muazzam hazzını yaşarsınız.

BİLİNÇALTINI NASIL YAPICI KULLANIRIZ?

Bilinçaltı sorgulamaz, doğru-yanlış olarak ayırt etmez; dolayısıyla herhangi bir negatif inancınızı da destekleyebilir. Bu tamamen inanç kalıbıyla alakalıdır. Çok geniş bir depolama alanı olduğu için görme, işitme ve diğer duyular aracılığıyla kaydeder. Genellikle geçmişi referans alır. Daha önce bir olay yaşadıysa, o olaya benzer durum geliştiyse hemen tarar ve ona uygun davranır. Bilinçaltınızda negatif olaylara, engellere, imkânsız durumlara, yapamayacağınıza, şüphelere güç verirseniz yıkıcı enerjilere güç vermiş olursunuz. Bilinçaltınızda yapıcı düşüncelere güç verirseniz kazanan mutlaka siz olursunuz. Bir hayal kurmaya başladınız diyelim; burada hayali gerçekleştirmek için şimdiki zamanda, pozitif, inançla yolunuza devam edeceğinize inanır ve bu şablonu zihninizde tutarsanız bilinçaltının yapıcı güçlerine destek vermiş olursunuz. Daha önce olumlu olmayan bir deneyim yaşasanız dahi bilinçaltınız bunu ayırt edemediği için imgeleme yoluyla pozitif bir durum oluşturabilir, yine bilinçaltının yapıcı gücünü kullanabilirsiniz. Klasik ama güzel bir söz vardır; "Yapabileceğinize inanıyorsanız haklısınız, yapabilirsiniz ama inanmıyorsanız yine haklısınız, yapamazsınız." Bu, tamamen sizin bakış açınız ve bilinçaltınızı yapıcı bir şekilde kullanmanıza bağlıdır.

1- Bilinçaltının yapıcı gücünü kullanmak için öncelikle hedefinizi imgeleyip onu zihninizde yaşayıp size uygun mu analiz edin.

2- Sürekli olarak hedef değiştirmeyin. Hedefinize bağlı kalmak, koca ve yüce çınarlar gibi daha köklü olmanızı sağlar.

3- İnanan mutlaka başaracak ve hayatının en önemli dersini alacaktır.

4- Pozitif ve yapıcı bir dil kullanın.

5- Hedeflerinizi sürekli göz önünde tutun. Neye odaklanırsanız onu büyütürsünüz.

6- Bilinçaltının yapıcı gücünü kullanırken yıkıcı insanlardan uzak durun ya da zihninizi korumayı öğrenin.

7- Haklı olmayı değil mutlu olmayı seçin. Herkesin haklılık referansı farklıdır.

8- Bilinçaltının yapıcı gücünü evrenin hayrına kullanın. Eğer yaptığınız iş etik değilse mutlaka tıkanıklık yaşarsınız.

9- Amaçlarınızı belirli bir süre sizi anlayan insanlarla paylaşın. Yoksa kısa sürece pes edebilirsiniz.

10- Bir hedef belirleyip en az 21 gün ya da 40 gün tekrarla pekiştirin. Alışkanlık haline gelmesi için emek verin.

11- Ertelemeyin.

BİLİNÇALTININ YIKICI GÜÇLERİ

1- Ne kadar negatif konuşursanız o kadar negatif durumlara güç verirsiniz.

2- Bilinçaltınızda senaryoları oluştururken hep engellere odaklanırsanız başarısız olursunuz.

3- Herkesi dinlerseniz siz hariç herkesi yaşarsınız ve bilinçaltınız size güvenemez.

4- Bilinçaltınızı sadece siz değil çevrenizde bulunan insanlar da etkiler. Çevrenizi analiz edip desteklemeyen insanlardan arının.

5- Bilinçaltınız ailenizin, çevrenizin olumsuz telkinlerini kabullenir ve onaylar.

6- Bilinçaltınız sürekli başkasını önemser, başkasını memnun etmeye çalışır.

Yukarıdaki durumları sürekli yapıyorsanız bilinçaltının yıkıcı durumlarına güç veriyorsunuz demektir.

Buradaki temel durum şudur; siz neye güç verirseniz o kazanır. Başarılı olmak istiyorsanız kendinizi tanıyıp ona uygun hareket etmelisiniz.

ENERJİNİZİ YÜKSEK TUTACAK DAVRANIŞLAR

1- Kendi olumlamalarınız olsun, size kendinizi iyi hissettiren olumlamalarınızı sürekli tekrarlayın.

2- Dua etmek enerjiyi çok yükseltir.

3- Meditasyon yapabilirsiniz.

4- Duş alırken suyla kendinizi negatif enerjilerden arındırdığınızı imgeleyerek yapın.

5- Sizi mutlu etmeyen durumlara veya insanlara veda etmesini bilin.

6- Kendinizi sevin.

7- Sevdiğiniz işlere yönelin, hobilerinizi keşfedin. Resim yapmak, şarkı söylemek, dans etmek, yazı yazmak…

8- Başkasına gösterdiğiniz saygıyı kendinize gösterin.

9- Kendinizi yargılamayın.

10- Dünyaya var olduğunuzu ve önceliğin siz olduğunu, sorumluluğunuzun kendinize olduğunu hatırlatın.

11- Şikâyet etmeyi bırakın; şikâyet en düşük frekanstır.

12- Sevdiğiniz insanlarla vakit geçirin.

13- Kahkaha atın.

BİLİNÇALTI DÖNÜŞÜMÜ İÇİN KOLAY VE ETKİLİ TEKNİKLER NELERDİR?

Bilinçaltınız hayallerinizi biçimlendirir. Siz gün içerisinde zihninizde sürekli, farkında olmadan düşüncelerinizi inşa edersiniz. Düşünceleriniz ve zihinsel betimlemeleriniz projenizi temsil eder. Saat saat, dakika dakika, saniye saniye geliştirdiğiniz düşünceleriniz, benimsediğiniz fikirler, kabul ettiğiniz inançlarınız, zihninizin gizli stüdyosunda prova ettiğiniz sahneler ile pırıl pırıl bir sağlık, başarı ve mutluluk inşa edebilirsiniz. Yapımıyla sürekli ilgilendiğiniz bu görkemli köşk sizin kişiliğiniz, bu gezegendeki kimliğiniz ve dünyadaki yaşam öykünüzdür. Şimdi yeni bir proje oluşturun; bu anın huzurunu, uyumunu, keyfini ve iyi niyetini fark ederek sükûnetle inşaatınızı yapın. Bunların üzerinde durduğunuzda ve talepte bulunduğunuzda, bilinçaltınız kabul edecek ve bunları sonuçlandıracaktır.

GÖRSELLEŞTİRME TEKNİĞİ

Bu tekniği yapmanın en kolay yolu gözlerinizi kapatıp arzuladığınız niyetinizi olmuş gibi gözünüzde canlandırmanız, zihin gözünüzle sanki gerçekten varmış gibi canlı görebilmenizdir. Hayalinizde oluşturduğunuz şey, vücudunuzdaki herhangi bir organ kadar gerçektir. Fikir ve düşünce gerçektir ve zihinsel imgenize sadık kalmanız halinde bir gün nesnel dünyada da kendini gösterecektir. Düşünce süreci zihninizde etkiler oluşturur. Bu etkiler bir süre sonra hayatınızda gerçekler ve deneyimler olarak ortaya çıkar. Bilinçaltının, zihinde tutulan ve inançla desteklenen her resmi, görüntüyü hayata geçireceği gerçeği vurgulanmalıdır.

"Öyleymiş gibi davranıyorum ve öyle oluyor."

Ben bir akşam gözlerimi kapattım, nefesime odaklandım. Sakin bir ruh haline geçerek, kendimi bir kişisel gelişim akademisi açmış, bu akademide eğitimler verirken hayal ettim. Henüz hiç böyle bir şey yokken sadece hayalini kurdum, duyguya girdim; kendimi nasıl hissettiğime odaklandım. Kalbimin atışı hızlandı. Hepsi önce sadece bir hayaldi, zihin gözümle gördüm ve bu dileğimin gerçekleştiğini hissettim. Bir aktörün rolünü oynuyor ve bu zihinsel filmi canlandırıyordum. Bu resmi, onu bir biçimde hayata geçirecek olan bilinçaltıma iletmem beni mutlu ediyordu. Her akşam bu hayalimi gözlerimi kapatıp olmuş gibi gözümde canlandırdım ve çok kısa bir süre sonra hayalim gerçekleşti.

İşte bu örnekte olduğu gibi hayaliniz nesnel bir gerçeklikmiş gibi davranmalısınız. Bunu yaptığınızda, bilinçaltınız bunu etki olarak kabul edecektir. Zihinde tutulan ve inançla desteklenen zihinsel bir resim hayata geçmiş olur. Uyumadan önce en az 21 gün boyunca yapabilirsiniz.

UYKU TEKNİĞİ

Uyku halindeyken bilinç büyük ölçüde geri çekilir. Bunun nedeni uyumadan hemen önce ve uyandıktan hemen sonra, bilinçaltının kendini en üst derecede göstermesidir. Bu durumda arzunu etkisizleştiren ve böylece bilinçaltı tarafından kabul edilmesini engelleyen olumsuz düşünceler ortadan kalkar. Uyumadan hemen önce ve uyanır uyanmaz bilinçaltının en kolay kabul ettiği zamanlarsa bu zaman diliminde hareketsiz kalarak kodlamak istediğiniz cümleleri tekrarlayın.

Ben zenginim.
Ben sağlıklıyım.
Ben güvendeyim.
Ben mutluyum.
Ben mükemmelim.

Her sabah uyanır uyanmaz ve gece uyumadan önce 5-10 dakika süreyle bu sözleri yavaş yavaş sevgiyle tekrarlayın. Her tekrarladığınızda, duygusal değer büyüyecektir.

ŞÜKRAN TEKNİĞİ

Şükran duyan bir kalp, her zaman evrenin yaratıcı güçlerine yakındır; karşılıklı ilişki yasasıyla, sayısız nimetin kendine doğru akmasını sağlar. Dileklerimiz gerçekleşmeden şükran duymamız çok etkili ve çok kolay bir tekniktir. Dileğimiz neyse onu düşünüp, söyleyip, teşekkür etmeliyiz. Örneğin; "Zenginliğim için teşekkür ederim." Buna şükran duygusu ve ruh hali zihninde baskın hale gelene kadar devam etmeliyiz. Sürekli, "Teşekkür ederim, şükürler olsun..." diye tekrarladığımızda zihnimiz ve yüreğimiz kabul noktasına yükselir.

BİLİNÇALTI DÖNÜŞTÜRME MEDİTASYONU NASIL YAPILIR?

Bu meditasyon çok etkili bir bilinçaltı dönüştürme meditasyonudur. Tüm düşük titreşimli duyguları dönüştürmek, titreşiminizi yükseltmek ve hayatınıza yüksek titreşimle bütün hayallerinizi çekmek için bu meditasyonu kendi sesinizle, sakin ve yumuşak bir ses tonuyla telefonunuza kaydedin ve sonra sakin bir ortamda uzanıp gözlerinizi kapatıp dinlenebilirsiniz ve arınmak için uyumadan önce sık sık yapabilirsiniz. Meditasyonu dinlerken uyumanızın hiçbir sakıncası yok, aksine çok daha etkilidir. 21 gün her akşam yaparsanız hayatınızdaki mucizelere inanamazsınız.

Rahat, sakin ve huzurlusun...

Bir yolda ilerliyorsun. Yol toprak, parke taşlı, asfalt veya çimen kaplı olabilir. Dikkat et. Yolun kenarında ağaçlar, çiçekler, evler var mı? Dikkat et. Hava güneşli veya yağmurlu mu? Olsun. Güneş hayat, yağmur berekettir.

Büyük bir kapının önündesin. Kapının yan tarafında yanan mor alevi görüyorsun. Üzerindeki eski elbiselerini çıkar ve mor alevin içine at. Artık bu eski elbiselere ihtiyacın yok. Bu eski elbiseleri sana başkası giydirdi. Bunları tek tek mor alevin içinde yakarak bunların yerine daha renkli, daha rahat kıyafetler giyeceksin. Mor alevin dönüştürücü gücünü biliyorsun.

Eski elbiseleri mor alevin içine attıkça, geçmişinden ve artık sana faydası kalmamış olan tüm alışkanlıklardan, deneyimlerden ve düşünce kalıplarından arınıyorsun, özgürleşiyorsun, rahatlıyorsun; evrenin boşlukları pozitif enerjiyle doldurduğunu biliyorsun. Elinde küçük küçük kâğıtlar var.

Birinci kâğıdı okuyorsun. Kâğıtta büyük harflerle "GÜVENSİZLİKLER" yazıyor. Güvensizlikleri mor alevin içine at. Güvensizlikler mor alevin içinde erirken içine özgüven duyguları yerleşiyor. Hisset! Rahatsın, huzurlusun, güvendesin…

Şimdi ikinci kâğıdı alıyorsun. İkinci kâğıtta büyük harflerle "PİŞMANLIKLAR" yazıyor. Tüm pişmanlıkları mor alevin içine at. Pişmanlıkların tecrübeye dönüşmesini sevinçle seyret. Bu sevinci içinde hisset.

Üçüncü kâğıtta "SUÇLULUKLAR" yazıyor. Suçlulukları mor aleve at. Suçluluklar mor alevin içinde eriyerek özgürlüğe dönüşüyor. Hisset! Özgürce nefes al.

Dördüncü kâğıtta "KORKULAR" yazıyor. Korkuları mor alevin içine at. Korkular mor alevin içinde erirken senin içinde güvenlik duygusu gelişiyor. Hisset!

BEŞİNCİ kâğıtta "DEPRESYONLAR VE BAĞIMLILIKLAR" yazıyor. Depresyonları ve bağımlılıkları mor alevin içine at. Depresyonlar ve bağımlılıklar mor alevin içinde erirken her şeyden ve herkesten özgürleşiyorsun. Hisset! Elindeki bir diğer kâğıtta "ERTELEMELER" yazıyor. Mor aleve at. Ertelemeler mor alevin içinde erirken rahatlayıp seni tutan her şeyden kurtulduğunu biliyorsun.

Şimdi elinde tuttuğun kâğıtta, "VE DİĞERLERİ" yazıyor. Bu kâğıdı mor alevin içine attığın anda o, mor alevin içinde erirken sen, yeni doğmuş bir bebek gibi yeni ve daha güzel bir hayata başlamak üzere istediğin planı yapabileceğini biliyorsun. Eski elbiselerin, seni kısıtlayan her şey mor alevin içinde eriyerek yok oldu, dönüşüme uğradı.

Derin ve rahatça nefes al.

Şimdi kapının tokmağını tut. Kapıyı aç. İçeri gir. İçerisi adeta cennetten bir köşe. Etrafına bak. Bahçedeki güzelliklerin, renk cümbüşünün farkında ol! Bahçenin içinde renk renk çiçekler, çeşit çeşit meyve ağaçları var. Farkında ol! Derin bir nefes al. Hayatının bahçesinde özgürce sevinçle ilerle. Hayatının bahçesinde sevinçle ve özgürce ilerlerken bolluk içindeki ağaçlardan sarkan meyvelerden hangisini canın isterse al. Meyvelerin tadını, dilinde ve damağında hissederek ye.

Çiçeklerin, meyvelerin ve toprağın birbirine karışan kokularını içine çek. Cıvıl cıvıl neşeyle öten kuşları dinle. Bu muhteşem konser içindeki coşkuyu arttırıyor, neşeleniyorsun. Burası senin hayat bahçen. Buranın mimarı sensin. Buraya istediğin ağacı ve çiçeği dikebilirsin. Hayatının bahçesine istediğin kişiyi davet edip sohbet edebilirsin.

Şimdi büyük ve köklü bir ağaç görüyorsun. Ağacın dibine otur, sırtını ağacın güçlü ve güven veren gövdesine daya. Ağaçtan sana yansıyan gücü ve güveni hisset. Yaprakların arasından sızan güneş ışınları tenini ısıtıyor, hisset! Ağacın dallarında ötüşen kuşları dinle. Ağacın dallarından sarkan meyvelerin tadına bak. Toprağın, çiçeklerin ve ağaçların birbirine karışan kokularını içine çek. Etrafındaki renk cümbüşünün, ahengin ve uyumun farkında ol.

Şimdi ayağa kalk. Bir çukur kaz. Burada bulunmasını istemediğin çiçek veya bitki varsa hepsine, bu zamana kadar hayatına kattıkları renk ve ahenk için teşekkür edip onları toprağa gömerek evrene hediye edeceksin. Şu sözleri benimle birlikte 3 kere söyle: "BU ZAMANA KADAR HAYATIMA KATTIĞINIZ RENK VE AHENK İÇİN TEŞEKKÜR EDERİM."

Artık burada bulunmasını istemediğin çiçekleri nazikçe yerlerinden sök ve sevgiyle çukura at. Sen bunu yaparken ben susacağım. Şimdi bu söktüğün çiçeklerin yerine istediğin çiçekleri dikeceksin. Onlar hızla büyüyüp bol bol çiçek açtıkça sen daha mutlu ve sana doyum veren bir yaşam süreceksin.

Şimdiyse yanında duran ilk çiçeği eline al, kalbine götür. Kalbini çiçeğin enerjisiyle doldur. Bu çiçek duygularının çiçeğidir. Duygularının çiçeğini, hızla büyüyüp renk renk çiçekler açması için toprakla buluştur. Duygularının çiçeği hızla büyüyecek, renk renk açacak ve sen onu daima olumlu ve güzel duygularla besleyeceksin. Kendini ve çevrendeki herkesi, duygularının çiçeğini, kalbinden akan enerjiyle besle.

Derin bir nefes aldıktan sonra ikinci çiçeği al ve kalbine götür. Kalbinin her zerresini çiçeğin enerjisiyle doldur. Bu çiçek özgüvenin çiçeği. Kalbinin her zerresinin özgüvenle dolduğunu hisset. Özgüvenin çiçeğini toprağa dik. O, hızla büyüyüp renk renk çiçekler açtıkça sen, an be an daha büyük bir özgüvenle dolacaksın. Şimdi özgüvenin çiçeğini kalbinden akan enerjiyle besle. Derin nefes al.

Şimdi diğer çiçeği eline al. Bu çiçek hayatın sana sunduğu maddi imkânların çiçeğidir. Senin önceliğin para, iş, ev, araba, her şey ama her şey olabilir. Olsun. Maddi imkânların çiçeğini kalbine götür. Kalbinin her zerresini maddi imkânların çiçeğinin enerjisiyle doldurduktan sonra çiçeği toprağa dik ve ona kalbinden enerji yansıt. Can suyu olsun. Maddi imkânlarının çiçeği hızla büyüyüp renk renk çiçekler açsın ve önceliğin her ne ise derhal gerçekleşsin.

Derin derin nefes al ve diğer çiçeği eline al. Bu çiçek bağışlamanın çiçeğidir. Affetme duygusu, sevginin sesi, kokusu, tadı, rengi ve dokusu. Bu güzel çiçeğin enerjisiyle kalbinin her zerresini doldur. Bedeninin, zihninin her zerresini bu güzel çiçeğin enerjisiyle doldur. Şimdi bağışlamanın çiçeğini toprağa dik. Bağışlamanın çiçeğini kalbinden, zihninden, tüm varlığından taşan enerjiyle besle büyüt. Şu sözleri söyle: "BEN KENDİMİ VE BENİ ÜZEN HERKESİ AFFETTİM VE ÖZGÜR BIRAKTIM. BİR PLAN GEREĞİ BULUŞTUĞUMUZU, BİZLERİ GELİŞTİREN BU DENEYİMLERİ YAŞADIĞIMIZI BİLİYORUM. ARTIK HEPİMİZ ÖZGÜRÜZ." Sen, sadece barışçı düşünceler üretiyorsun.

Derin derin nefesler al. Tekrar ağacın dibine otur. Ağaçtan sana yansıyan enerjiyi, gücü, güveni hisset. Sen kişisel mutluluk duygusunu, özgüven duygusunu ve güvende olma duygusunu elle tutulur, gözle görülürcesine somut bir şekilde hissediyorsun, yaşıyorsun. Bu hisler çoktan gerçekleşti. Kesinlikle, tam söylediğim gibi oldu. Çok büyük bir hızla, çok daha güçlü bir biçimde bütünüyle gerçekleşti. Sana sunulan çözümlerle kendini daha mutlu hissediyorsun.Kendini an be an daha mutlu hissediyorsun. Her gün her koşulda çok daha iyimsersin. Kendine, kendi çabalarına, kendi kararlarına, kendi fikirlerine çok daha fazla güveniyorsun. Artık bulunduğun her ortama özgüveninin enerjisini yansıtıyorsun.

Derin nefes al. Kendini görüyorsun. Özgüvenin enerjisini çevrendeki insanlara, dünyaya, evrene özgürce yansıtıyorsun. İçindeki özgüvenin tamamıyla ve tümüyle farkındasın. Sen, kendine güveni olan, özgür ve kararlı bir insansın. Düşünme biçimin, konuşman, her halin, kendini ifade ediş tarzın, kendine güveni olan bir insan olduğunu belli ediyor. Özgürsün, kendi içinde güven dolusun. Daima olumlu duygular üretiyorsun. Olumlu duygular ürettikçe hayatın daha eğlenceli bir hal almaya başladı. Her olayın olumlu yanını görebiliyorsun. Kendinle barışıksın. Kendini koşulsuz seviyorsun. Olumlu düşüncenin etkileri an be an belirgin bir şekilde artarak devam ediyor.

Sen, kendini ve seni üzmüş olan herkesi affettin ve özgür bıraktın. Kendi değerini biliyorsun ve kendine yaşamın boyunca sevgi dolu bir hayat yaşamak için izin veriyorsun.Zihnin sakin ve pırıl pırıl parlayan bir su gibi. Daima doğru zamanda, doğru yerde bulunuyor ve doğru şeyi söylüyorsun. Her zaman fiziksel ve duygusal olarak rahatsın. Zihinsel olarak uyanıksın. Zihnin berrak ve sana doğru cevapları kolaylıkla veriyor; zihnin senin rehberin. Sen, yapman gereken her ne ise en doğru şekilde yapıp onun rehberliğine karşılık veriyorsun. Kendinle gurur duyuyorsun. Hayattaki bütün olumlulukları aklından geçiriyorsun. Amaçlarını, kazandığın başarıları... O kadar çok başarı kazanmışsın ki doğal olarak, başarılı olmayı sürdüreceğini biliyorsun. Bütün amaçlarına ulaştın ve kendine en sağlıklı en olumlu yaşamı kurdun.

Kendini görüyorsun... Boyuna göre en ideal kilodasın. Kendini çok iyi hissediyorsun. Artık bir yetişkinsin ve ihtiyaçsızlık hissin daha güçlü. Kendi kendini idare edebiliyorsun. En güzel duyguları kendi kendine üretiyor ve içinde yaşatıyorsun. Bunu yapmak çok kolay. Güvende hissetmek, sevildiğini hissetmek, rahat hissetmek, sevildiğini ve korunduğunu hissetmek. Ne kadar kolay! Kendin için daima en iyi olanı yapıyorsun, kim olduğunla/kendinle gurur duyuyorsun, kendinden hoşlanıyorsun ve dahası kendini seviyorsun. Kendine güveniyorsun ve kendinin harikulade biri olduğunu kabul ediyorsun. Sen güvendesin ve korunduğunu biliyorsun ve hissediyorsun, gözetiliyor ve seviliyorsun, aranılan bir kişi olduğunu biliyorsun ve hissediyorsun, kendini seviyorsun ve kendi kendinden memnunsun. Sen kendinin en iyi dostusun. Birileriyle kaynaşmak durumunda kaldığın zaman, kendini daima iyi ve rahat hissediyorsun. Şimdi burada bulunmak senin en doğal hakkın, sen çok iyisin, sen kâinatın evladısın, tıpkı ağaçlar ve yıldızlar gibi. Burada var olmak senin en doğal hakkın. Sen evrensel planın bir parçası olduğunu kabul ettin. Kendinle barış içindesin, sakinsin, sükûnet içindesin huzurlusun.

Sen, her anı şimdi ve burada yaşıyorsun.

Her gün taze bir başlangıçtır biliyorsun.

Her gün taze bir başlangıçtır ve her sabah dünya yeniden uyanır.

Her günü geldiği gibi kabul edip güneşin ışığından zevk alıyorsun, kuşların sesini dinleyip çocukların gülüşüne katılıyorsun.

Şimdi ve burada, hayattan tam manasıyla zevk alıyorsun.

Düzenli olarak gelişen ve olgunlaşan bir kişiliğin var.

Sahip olduğun gücün ve yeteneklerin farkındasın.

Seçmiş olduğun hedefleri başarabildiğin için kendine güveniyorsun. Kendine inanmayı öğrendin, kendine minnettarsın ve kendine iyi davranıyorsun.

Karşına daima üstesinden gelebildiğin durumlar çıkıyor.

Başın dik, mutlu ve kararlı bir şekilde yürüyorsun.

İnsanlar sana saygı duyuyorlar çünkü sen, kendine ve onlara saygı duyuyorsun.

Güvenilir ve dürüstsün, özeleştirini de dürüstçe yapıyorsun.

Etrafındaki güzellikleri görüyorsun.

Pozitif bir başarıdan diğerine geçiyorsun. İnsanlar onlardan hoşlandığının farkında ve senin maksadının iyi olduğunu hissediyorlar, biliyorlar.

Seni daha yüksek bir potansiyele taşıyan davranışların için motivasyonun sürekli gelişiyor.

Yani şimdi sen, dopdolu zengin ve değerli bir hayatın tadını çıkarıyorsun.

Başladığın işi derhal bitiriyorsun. Sana karmaşık gelen işlerin bir taslağını çıkarıyorsun.

Baş edebileceğin parçalara bölüyorsun.

Hedeflerini parçalara bölüyorsun, her parçayı ne zaman başlayıp ne zaman bitireceğin ile ilgili bir zaman çizelgesi hazırlıyorsun ve başladığın işi mutlaka bitiriyorsun.

Şimdi sen başladığı işi bitiren bir insansın.

Şimdi sen eylem yapan birisin. Kendi içinde rahatsın ve huzurlusun.

Yeteneklerini sergilerken rahatsın ve kendine olan inancın istikrarlı bir şekilde artıyor. Anlamaya ve kabul etmeye başladın. Diğer insanların düşündükleri ve hissettikleri onların meselesidir. Onların yaşamlarının bir parçasıdır. Onların davranış biçimlerinin bir parçasıdır. Kişiliğin sana doğru yolu daima gösterir.

Diğerlerinin gördüğü basitçe kendi yaşam deneyimlerinin sonucudur. Sadece kendi düşünceleri, daha fazlası değil ve sen, onların hiçbirinden mesul değilsin.

Görmediğimiz duymadığımız ya da görmeyi, duymayı hayal etmediğimiz hiç bir şey bizi etkilemez.

Sadece onlara karşı aldığımız tavır bizi değiştirir. Gördüğümüz duyduğumuz hiçbir şey bizi değiştiremez ya da incitemez. Burada söylenilenler bile seni değiştiremez. Sadece bu söylenilenlere karşı aldığın tavır seni etkiler ve değiştirir. Gördüğün ve duyduğun şeylerin seni etkilemesi kendi özgür iraden ile seçtiğin tavra bağlıdır.

Hangi şeylere tepki vereceğin hangilerinin seni harekete geçireceği hangilerini umursamayacağın senin seçimindir. Umursamadığın şeyler, senin için hiçbir şey ifade etmez. Umursamadığın şeyler, senin için hiç bir şey ifade etmez.

Şimdi derin nefes al. Rahatsın, huzurlusun. Evrenden gelerek başının üzerinden bedenine giren enerjinin farkındasın. Enerjinin başının içine yayıldığını hisset. Beyninin tüm kıvrımları, başını oluşturan tüm hücreler enerjiyle doluyor. Enerji aşağıya doğru akarak bütün bedenine yayılıyor ve şifa veriyor. Tüm bedenin enerjiyle pırıl parlıyor. Enerjinin bedenini oluşturan hücre çekirdeğine dolduğunu hisset. Enerji DNA'na doluyor, hisset. DNA'nda bedeninin orijinal hâli kayıtlı. Genç, dinç, dinamik, boyuna göre en ideal kilo, dış görünüş... Bedeninin en mükemmel hâli DNA'nda kodlanmış durumda. Bedeninin her bir hücresinin çekirdeğine. Her bir atomuna kadar dolan enerji, bedeninin kendisini taze hücrelerle yenilemesi için aktive etti. Kan dolaşımın mükemmel. Kan değerlerin dengeli. Kanın, damarlarında özgürce ve dengeli aktıkça bedenini oluşturan bütün hücreler yenileniyor. Bedenin olduğundan daha genç, daha dinç ve mükemmel görünüyor ve zaten böylesin.

Kendini görüyorsun. Enerjiyle pırıl pırıl parlıyorsun. Bedenin her an gençleşiyor. Bedenin DNA sarmallarına kodlanmış olan orijinal halini muhafaza ediyor. Sağlıklı, genç, dinç ve dinamik bir bedene sahipsin. Enerji bedeninde var olan her bir hücreye, her bir organa, her bir dokuya ve sisteme doluyor. Endokrin sistemin mükemmel bir denge içinde çalışıyor. Hisset, sindirim sistemin mükemmel bir dengeyle çalışıyor. Hisset, kan dolaşım sistemin harika. Solunum sistemin, her nefeste özgürlüğün tadına varmanı sağlıyor. Bedenini oluşturan her bir hücre, her bir organın sağlıklı ve güçlü. Her bir sistemin dengeli ve güçlü.

Kendini görüyorsun, sağlıklısın. Kendini genç, dinç ve dinamik hissediyorsun. Evet, öylesin, mükemmel görünüyorsun. Enerji, bedeninin tüm hücrelerinden dışarıya akıyor. Senin etrafında, seni koruyan bir kalkan oluşturuyor. Bu kalkandan sana sadece ve sadece pozitif olan geçebiliyor. Enerji cildinin tüm hücrelerinden taşarak etrafına yayılıyor. Bedeninin etrafındaki bu enerji senin etrafında muhteşem bir çekim alanı oluşturuyor. Sana gelmesine izin verdiğin her şeyi ve herkesi sana çekiyor. Hızla sana getiriyor. Bedeninin etrafındaki mükemmel çekim alanı ile önceliğin olan her şeyi, herkesi hızla kendine çekebilirsin.

Biraz sonra senden önceliğin olan şeyin veya kimsenin adını söylemeni isteyeceğim. Aklına ilk gelen, doğrudur. Sen onu tanımlarken ben birkaç saniye susacağım. Çekim alanınla kendine hızla çekmek istediğin şeyi veya insanı düşün. İsmi her ne ise açık ve net bir şekilde 3 kere söyle. Enerjini genişleterek ona yansıt, enerjini onunkiyle buluştur. Ona enerjini sevgiyle ve saygıyla yansıt.

Şimdi derin bir nefes al. Derin ve rahat. Rahatsın, huzurlusun ve sükûnet içindesin. Kuyruk sokumundan evrenin merkezine akan enerjiyi hisset. Topraklanıyorsun, arınıyorsun.

Derin derin özgürce nefes al. Rahatsın, huzurlusun ve sakinsin.

Ayağa kalk. Etrafına bak. Burası senin özel yerin. İstediğin anda buraya tekrar gelebilir, buradaki çiçeklerin yerine başkalarını dikebilir, buraya istediğin kişiyi davet edebilirsin.

Şimdi önündeki yoldan yürüyerek bahçe kapısına ilerle. Etrafındaki ağaçların, çiçeklerin farkında ol. Çiçeklerin ve toprağın birbirine karışan kokusunu içine çek. Ağaçlarda ötüşen kuşların sesini dinle. Canın hangisini çekerse ağaçlardan sarkan meyvelerden al ve tadını dilinde, damağında hissederek ye.

Bahçe kapısındasın. Kenarda duran yeni elbiseni giy. Elbisenin dokusuna, kokusuna, rengine dikkat et. Şimdi yolunun etrafına bak, değişikliklerin farkında ol. Derin nefes al.

3'e kadar say ve buraya geri dön. Hazır olduğunda gözlerini aç.

BİLİNÇALTINI YÖNLENDİRME NASIL YAPILIR?

Bakış açılarımız, dünyayı ve kendimizi değerlendirme kriterlerimiz farklı. Başınıza gelen bir olaya üzülüp hayal kırıklığına uğrayabilirsiniz. Bunu bir deneyim olarak görüp yeni öğrenim ve farkındalıklarınıza da odaklanabilirsiniz. Seçim sizin. Çok gelişmiş bir bilgisayar saniyede 100 milyonun üzerinde işlem yapabiliyor. Bu bilgisayarın 100 sene boyunca yapabileceğini bizim beynimiz 1 dakikada yapabilecek kapasiteye sahip. Peki, bu muazzam gücümüzün ne kadar farkındayız? Eğer farkındaysak ne yönde kullanıyoruz?

Evimize veya kendimize yeni bir eşya alırken onu kalitesi, fiyatı, işlevselliği gibi belirli kriterler bakımından imtihana tabi tutuyoruz. Duygularımızın, düşüncelerimizin, davranışlarımızın kaynağı; bizi oluşturan her şeyi kontrol eden beynimiz hakkında neler biliyoruz?

Zihnimizi temel olarak bilinç ve bilinçaltı olarak iki kısımda inceleyebiliriz. Bilinçli zihnimiz, zihnimizin rasyonel düşünen kısmı. Yani farkında olduğumuz düşüncelerimiz. Siz bu yazıyı okumaya karar verdiniz. İşte bilinçli zihniniz şu anda çalışıyor. Biraz sonra belki karnınız acıkacak, tarhana çorbası içmeye karar vereceksiniz. Bu da bilinçli zihninizin bir tercihi olacak.

Bir de bilinçaltımız var. Buraya kadar bilinçaltı ile ilgili bilgilerimizi birlikte hatırlayalım. Bilinçaltımız bir depo gibi ve zihnimizin %95'lik bir kısmını oluşturuyor demiştik.

Beş duyumuz vasıtasıyla alınan her bilgi, yani bütün yaşamımız, bir kameraya çekilmiş gibi bu depoda kaydediliyor. Uyumuyor, 24 saat çalışıyor. Nefes alışımızı, kalbimizin atışını, kan dolaşımımızı, sindirim sistemimizi, kısaca size ait olan her şeyi siz düşünmeden sizin için kontrol ediyor. Bilinçaltı bu gücüne rağmen gerçekle gerçek olmayanı ayırt edemiyor demiştik. Biz de bunu avantaj olarak kullanabiliriz. Bilinçaltımızı kullanarak hayatımızı değiştirebilir, istediğimiz her şeye kavuşabiliriz. Nereye gittiği belli olmayan bir arabanın kontrolünü elimize alabiliriz. Hadi arka koltuktan direksiyona geçelim. Arabayı istediğimiz yöne doğru sürelim.

90'lı yılların başında bir bilim dergisi olan Research Quarterly'de yayınlanan çok ilginç bir araştırma var. Bu araştırmada basketbol oynayan öğrenciler üç gruba ayrılıyorlar. İlk grup basketbol topunu fileye sokabilmek için 20 gün boyunca fiziksel antrenman yapıyor, ter döküyor. İkinci grup hiçbir şey yapmıyor, yan gelip yatıyor. Üçüncü grupsa 20 gün boyunca her gün zihinsel antrenman yapıyor. Yani zihinlerinde hayali olarak topu tutuyorlar, paslaşıyorlar, çok güzel atışlar yapıyorlar, terlediklerini hissediyorlar, inanılmaz güzellikte bir maç çıkararak seyircinin alkış seslerini duyuyorlar, maç bitiminde gelen tebrikleri kabul ediyorlar. 20 günün sonunda her gün antrenman yapan ilk grubun performansında %24'lük bir artış oluyor. Yan gelip yatan ikinci grupta, beklenilebileceği gibi, hiçbir değişiklik yok. Zihinsel antrenman yapan üçüncü grubun performansında da %23'lük bir artış oluyor. Dikkat edin! Topu ellerine bile değdirmeden hemen hemen ilk grup kadar başarı sağlıyorlar. Yani bilinçaltı beş duyunun etkili bir şekilde kullanıldığı ve canlı hayallerin kullanıldığı bir senaryonun sürekli tekrarlanmasıyla, aslında henüz gerçekleşmemiş şeyleri gerçekmiş gibi kabul etmeye başlıyor ve beyne bu sinyali gönderiyor. Ne müthiş bir güç, öyle değil mi?

Maalesef korkularımız da bu yolla oluşuyor. İnsanoğlunun doğuştan sahip olduğu iki temel korku var. Düşme ve ses korkusu. Kalan bütün korkularımızı süreç içerisinde öğreniyoruz. Nasıl mı? Hepimizin korktuğumuz şeylerle alakalı senaryolarımız var. Bunlar olumsuz görüntüler, sesler ve hisler içeriyorlar. Düşüncelerimiz kendilerini gerçekleştirme kehanetine sahiptirler. Çevremizdekilerin iyi yönlerini görürsek hep iyi insanlar, kötü yönlerini görürsek hep kötü insanlar çıkar karşımıza. Odaklandığınız şeyler yaşamınızın kalitesini belirler.

Özetleyecek olursak...

Bilinçaltınızı yönlendirerek mutlu yaşama yöntemleri

1- Bilinçaltı Alaaddin'in lambasında oturan dev gibi elleri bağlı emrimize hazır bir şekilde beklerken sıklıkla tekrarladığımız cümlelere inanır, onları emir olarak kabul eder. O zaman hayatımızda ne olmasını istiyorsak o cümleleri söyleyeceğiz.

2- Bilinçaltı, neyin gerçek olduğunu neyin olmadığını bilmez. O yüzden olmasını istediğimiz şeylerin olmuş gibi hayalini kuracağız.

3- Söylenen şeyin doğru veya yanlış, mantıklı veya mantıksız olduğuna da bakmaz. Ona ne söylerseniz onu yapacaktır.

4- Bilinçli veya bilinçsiz yaptığımız her seçim bilinçaltına gönderdiğimiz gizli bir emirdir.

5- Bilinçaltına net hedef verin, kararsız kaldığınız ikilemde kaldığınız her durumda ikisini de durdurursunuz. Hedef veya başarmak istediğimiz sonuç şimdiki zamanda ya da geniş zamanda ifade edilmelidir.

Ben başladığım her işi kolaylıkla bitiririm.
Ben zenginim.
Hayallerimin ötesinde bir ev alıyorum.
Hayatımın aşkıyla birlikteyim.
İşimde sürekli yükseliyorum.
Para bana kolaylıkla geliyor.

6- Söylediğiniz şeyin gerçek olması gerekmez. Arkanızdan yalancı diyebilirler, hiç önemli değil. Nasıl olmak istiyorsanız önce onu belirleyin, her yere yazın, sürekli tekrarlayın.

7- Beynimizi bu yöntemle sürekli olarak doldurur ve meşgul edersek, eski programların hayat alanı giderek daralacak ve sonunda yaşama şansı kalmayacaktır. Eski bilgilerin oluşturduğu programlar ve bunların yönetim kurulu üyeleri derin yönetimden kovulacaktır.

8- Bütün alışkanlıklar, daha önce beynimize yerleşen şartlanmanın oluşturduğu programlardır. Eski bir alışkanlığı değiştirmek için, eski program bulunur, silinir ve yerine bizim yararımıza olan en doğrusu yazılır. Sonuçta özgürlük ve bağımsızlığa kavuşur ve kötü alışkanlıklarımızdan kurtuluruz.

BİLİNÇALTINIZI KODLAYARAK NASIL HAYATINIZI DEĞİŞTİRİRSİNİZ?

Değişime ilk önce arınmakla ve kendinizi sevmekle başlayabilirsiniz.

Arınmak istiyorsanız affetmek zorundasınız. Affetmek arınmaktır, geçmişin acılarından kurtulmaktır. Bunun için önce kendinizi affedin. Kendinizi olduğunuz gibi kabul edin ve sevin. Bu, hayatınıza iyi ve güzel şeyler çekmek için mıknatıstır. Kendini sevmeyen kimseyi sevemez. Kimseyi sevemeyeni de evren sevmez. Bu konuda çok çalışın. Sayfalarca "kendimi seviyorum" yazın.

Ayna önünde çalışın. Aynaya her baktığınızda kendinizi sevdiğinizi tekrarlayın. Mevcut duruma değil, olasılıklara odaklanın. Ne istemediğinize değil ne istediğinize odaklanın. Eğer mevcut durumun sorunlarına odaklanırsanız bunları gözlemler ve bu sorunların olduğu evren modelini gerçeklik haline getirirsiniz. Oysa olasılıklara odaklanırsanız yeni ihtimallerin, olanakların evrenine bir kuantum sıçraması yaparsınız.

SORU:

Eğer gelecekte sizi çok harika, çok güzel şeylerin beklediğini bilseydiniz, desteklendiğinize korunduğunuza inansaydınız şu anda kendinizi nasıl hissederdiniz?

Harika.

O hâlde buna inanmaya şimdiden başlayın. Hemen şimdi! Gelecekte sizi harika şeyler bekliyor. Çok güzel imkânlar, olasılıklar doğuyor ve evren sizi tüm gücüyle destekliyor. Artık her şey zaman meselesi. Heyecanla o anı bekliyorsunuz. Evrende sizin için yeni olasılıklar doğuyor ve bu tamamlandığında hayatınıza muhteşem şeyler girecek.

Buna inanıyor musunuz?

Yanıtınız *evet* ise bu inancınızı korumaya devam edin ve gerisini akışa bırakın.

Eğer yanıtınız *hayır* ise; odaklandığınız mevcut durumu yaşamaya devam edeceksiniz.

İnançla ilgili sevdiğim bir söz var;

"İnanç görmediğine inanmaktır. Mükâfatı ise inandığını görmektir."

Görmediğine inanabilen, başarabilen, inandığını görür.

Bununla ilgili tek cümlelik çok güzel bir hikaye var.

Bir yerde yağmur duasına çıkarlar ve sadece 5 yaşındaki çocuk yanına şemsiye alır.

Gerçek inanç kesindir, şüphe tanımaz.

Peki, her istediğimiz neden olmuyor?

Çünkü gerçekten istemeyi bilmiyoruz. Gerçek isteklerimizin farkında değiliz. Anlık arzularımızı, şartlanmalarımızı, başkalarının bize empoze ettikleri istekleri kendi isteklerimiz sanıyoruz. Aylardır iş arayan insan gerçekten çalışmak mı istiyor yoksa iş hayatından kurtulmak mı?

Gerçekten istediği işi bulacağına inanıyor mu? Yoksa "Böyle bir iş bulamam nasılsa" inancına mı sahip. Eğer gerçekten yürekten inanarak istersek bu istek mutlaka gerçekleşecektir. Gerçekten ne istediğinize karar verin. Bu isteklerin gerçekleşeceğine inanın. Mevcut koşulları unutun dikkatinizi yeni olasılıklara verin. İnancınızı koruyun ve mükâfatı alacağınızı bilin. En önemlisi akışa teslim olun. Siz sadece olasılıklara odaklanın. Yolu belirleyin. Bazı şeyler kötü görünse bile onları sizin amacınıza ulaşmanız için geçmeniz gereken duraklar olarak görün. Dışınızda hiçbir şey yok. Siz içinize bakın. Dış, için yansımasıdır. İçinizde ne varsa dışınızda onu yaşarsınız. Eğer hayatınızda bir şeyleri değiştirmek istiyorsanız, içinizdeki bir şeyleri değiştirmek zorundasınız. İçinizi değiştirmeden dışınızı değiştiremezsiniz.

SORU:

Hayatınızda nelerin değişmesini istersiniz? Neleri değiştirmek, farklı yapmak isterdiniz?

Elinize bir kâğıt alın ve aklınıza gelen her şeyi yazın.

Şimdi şunları düşünmenizi istiyorum: Bu isteklerinizi yapmanıza engel olan şeyler nelerdir? Ne olsaydı bunları başarabilirdiniz?

Daha fazla okusaydım…

Daha fazla param olsaydı…

Annem beni anlasaydı…

Şimdi sizden o maddelerin hepsinin üstünü çizmenizi istiyorum. Defalarca kez çizin, karalayın, okunmaz hale getirin. Sonra elinize bir kalem kâğıt alın ve şunu yazın:

"Eğer bunları yapmama engel olan içimdeki şeyleri değiştirseydim o zaman yapabilirdim."

Peki, nedir engelleriniz? İçinizde ne var ki isteklerinize ulaşamıyorsunuz?

Buna gerçek istek, inanç, odaklanma gibi bazı yanıtlar var elbette. Hepsinin toplamı bizi tek bir noktaya götürüyor. Size engel olan sadece sizsiniz. O hâlde kendinize bir iyilik yapın ve kendi önünüzden çekilin. Kendinizi engellemeyi bırakın. İçinizdeki o sabotajcının sesini kısın. Bu bir kararlılık meselesidir. Şimdi bir seçim yapın. Derin bir nefes alın, gözlerinizi kapatın ve tekrarlayın.

"Kendi kendimin en büyük destekçisi olmayı ve içimdeki gerçek gücü ... için kullanmayı seçiyorum."

... kısmında istediğiniz şeyi söyleyin. Bunu söylerken inançla, güvenle, umutla söylemenizi istiyorum. Gerekirse defalarca söyleyin. Gerçekten hissederek söylediğiniz anda içinizde o enerjiyi hissedeceksiniz. Gözleriniz parlayacak, kendinizi çok mutlu hissedeceksiniz.

İsteklerinin olmasını nasıl güçlendirebilirsin?

- Yaşamınızdaki sorunlardan dolayı kimseyi suçlamayın ve sorumluluğu alın.
- Lütfen şunu hatırlayın; siz değişirseniz evren değişir.
- Titreşiminizi yükseltin. Meditasyon ve yoga gibi uygulamaları düzenli olarak yaparsanız titreşiminizi yükseltirsiniz.
- Mutluluğunuzu koşullara bağlamayın. Koşulsuz mutlu olmayı başarmak belki de yaşamınızı değiştirmek için en önemli adımlardan biri olacaktır. Mutlu olmak için sadece var olmak yeterlidir.
- Mutluluk sizinle sizin aranızda bir meseledir. Mutlu olmak için bir şeyler yapmanıza, bir şeylere sahip olmanıza

gerek yoktur. Mutlu olmak için sadece mutluluk verecek bir yaşam anlayışınız olmalıdır.

- Elinizdekilere şükredin. Kimseyi kendinizle mukayese etmeyin.
- Seçimlerinizi korkulara göre değil hayallerinize göre yapın. Korku ile verilen kararlar sizi hapseder, sınırlarınızı çizer. Sizi küçük düşünmeye ve güvenli alanda kalmaya yönlendirir. Size "Güvenme sakın, korun, korkmaya devam et!" der. Engeller, bloke eder. İnançla verdiğiniz hayallerinizi besleyen kararlar ise sizi destekler, güven verir, umut verir, harekete geçme motivasyonu verir. Size rahatlık ve keyif duygusu verir. Sizin gerçek potansiyelinizin açığa çıkmasına yardım eder. Size büyük düşünme yeteneği ve başarılı olma şevki verir.

Şimdi verdiğiniz bir kararı, seçimi düşünün.
Korku ile mi karar verdiniz yoksa hayallerinize göre mi?

Peki, neden korktunuz?

Koşullar veya başka biri mi, duyduğunuz haberler mi, aile ahlakına uygun davranmamaktan mı?

Neden?

Peki, şimdi senaryoyu kafanızda değiştirin. O anda korkmasaydınız, hayallerinizi besleyecek bir karar verseydiniz ne olacaktı? "Bilmem," diyeceksiniz belki "ne iyi ne kötü." Haklısınız ama bilmeniz gereken bir şey var. O anda enerjinizi hayallerinize ulaşmak için kullanacaktınız. Belki istediğiniz sonucu alamayacaktınız ama evrene diyecektiniz ki "Bak bunun için tüm korkularımı bıraktım. Cesaretle bir adım attım, tüm olasılıklara kendimi açtım çünkü bunu gerçekten istiyorum." Evren de "Cesaretin senin için bir onur, benim için komuttur. Yanındayım ve yolu senin için açacağım," diyecekti her zamanki gibi.

Seçimlerinizi her zaman hayallerinizi besleyecek inançlara göre yapın. Evren yanınızda olacaktır.

İnsan yediği kadar değil, yedirdiği kadar doyar. Eğer almak istiyorsanız vermeyi bileceksiniz. Kıtlık ve yoksunluk bilincini bir tarafa bırakın. Vererek ancak artırırsınız. Paranızı, bilginizi, imkânlarınızı, emeğinizi, zamanınızı, sevginizi her şeyinizi paylaşmaya gönüllü olun. "Bir gün bende olursa veririm," demeyin. Bu tuzaktır. Siz vermeden gelmeyecektir. Koşulsuz beklentisiz, sevgiyle yapın.

BİLİNÇALTINA KODLANAN DÜŞÜK TİTREŞİMLİ DUYGULAR NELERDİR?

Bilinçaltına kodlanan düşük enerjiler özellikle küçük yaşlarda tohumu atılan, sorgulanmadan kabul edilen ve ileri yaşlarda büyük travmalara sebebiyet veren bilinçsiz durumlardır. Farkında olmayan bir ailenin elinde, doğal olarak farkında olmadan büyüyen çocuklar içindir. Kişi kendinde olanı ancak anlatabilir, öğretebilir ve uygulatabilir. Bilinçaltına kodlama yapılırken özellikle gelişmemiş toplumlarda ya da az gelişmiş toplumlarda kodlanan bilgiler genellikle düşük frekansta kalmaktadır. Özgüvenli olmak yerine baskılanmış çocuklar, bireyselliği öğretmek yerine kontrol edilen çocuklar, sorumluluk vermek yerine onun kararlarını veren toplumlarda büyüyen çocuklar ilerleyen yaşlarda hiçbir karar alamayan, düşük enerjide kalan nesilleri oluşturur. Yıllar içinde biriken olumsuz duyguları aşırı korku, aşırı öfke, yalnızlık, suçluluk, değersizlik, güvensizlik, hak etmeme duygusu gibi en düşük titreşimli duyguları, farkındalık sayesinde bilinçaltından bilince çıkarılıp dönüştürülebilir. Bunların dönüştürülmesiyle yerine değer, güven gibi olumlu duyguların yerleştirilmesine, *bilinçaltı dönüşüm çalışmaları* diyoruz.

BİLİNÇALTI KODLAMA İLE NEGATİF DURUMLARDAN KURTULMA REHBERİ

1- Öncelikle kendinizi olduğunuz gibi kabul etmeniz gerekir. Değişim kabul etmekle başlar. Kabul etmediğiniz bir durumu değiştiremezsiniz.

2- Bilinçaltının yapısını anlamalı, pozitif bir dil kullanmalısınız.

3- Kendinden sonra işe aileni affetmekle başlamalısın. Affetmediğinizde o enerji yükleri önce sizi yaralar.

4- Her durumun sınanma olduğunu bilip ona göre davranmalısınız.

5- En önemlisi; değersizlik inancıyla nasıl başa çıkacağınızı öğrenmelisiniz.

6- Eğer bir bilgi olumsuz kodlanabiliyor ise olumlu da kodlama yapılacağını bilmelisiniz. Ne ekerseniz onu biçersiniz.

BİLİNÇALTI İÇİN POZİTİF DİL KULLANMANIN ÖNEMİ NEDİR?

Bilinçaltı için pozitif dil kullanmanın önemini bilirseniz bu mekanizmaya en iyi şekilde hakim olursunuz. Bilinçaltı pozitif ifadeleri ve komut ifadelerini hayata geçirir. Pozitif dil kullanmak, bedendeki hücreler yenileyip iyileştirmekle birlikte ruhsal olarak sizi geliştirir. Başta bilinçli olarak çaba harcamalıyız. Kullandığınız dilin çok önemi var. Eğer kullandığınız dil pozitifse benzer benzeri çeker yasasına göre pozitif şeyleri hayatınıza çeker. Benzer durumlar, sık tekrarlananlar ve telkinler beyindeki nöronları uyararak orada bir enerji alanı oluşturur. Bu nöronların oluşmasını sağlayan pozitif dil kalıpları bilinçaltında önemli bir yer tutar.

Kelimelerimiz sihirdir. Bu sihri iyi kullanmak için pozitif kelimeler ile beyninize giden sinyalleri uyararak orada enerji alanı oluşturursunuz. Her zaman pozitif duyguda kalmak mümkün değildir. İnsan sürekli gelişime açık bir yapı olduğu için mevsimler gibi insanın duygu durumları da değişecektir. Ancak günün büyük kısmında pozitif kalmak mümkündür. Bunu başarabilmeniz için de neyin sizi mutlu ettiğini, ruhunuzu nelerin beslediğini bulabilirsiniz.

HAYATIMIZDAN ÇIKARMAMIZ GEREKEN VE BİLİNÇALTIMIZDA EN ETKİLİ OLAN KELİMELER

Bilinçaltı kodlama teknikleri, kişinin kendi kendine yazılım yükleme yapması gibidir. Bilinçaltına tüm duyu organları tarafından yükleme yapılabilir. Günlük yaşantıda olan olaylar bazen konuşarak, bazen duyarak, bazen de görerek bilinçaltına kaydedilir ve bilinçaltı bunları ileride kullanmak için saklar. Siz bir olayı unutsanız bile bilinçaltı onu hatırlar ve sizin tepkilerinizi belirler. Bilinçaltına kodlama yapmanın temel hedefi, zihne pozitif düşünceler göndermek ve olumlu konuşmaktır. Yapılması gereken basit telkinlerle bilinçaltını yönlendirebilirsiniz. Aynı zamanda kötü amaçlı yazılım gibi düşünebileceğiniz bazı kelimeleri de hayatınızdan çıkarmanız gerekir ki yaptığınız diğer çalışmaların etkisi daha yüksek olsun.

- "ZOR" kelimesini hayatınızdan çıkarın. Yerine "KOLAY" ve "KEYİFLİ" kelimelerini koyun.
- "İMKÂNSIZ" ve "ASLA" en tehlikeli kelimelerdir. Yerine "MÜMKÜN" ve "GÜVENLİ" kelimelerini koyun.
- "İSTİYORUM" derseniz hep isteme durumunda kalırsınız. Yerine "SEÇİYORUM", "NİYET EDİYORUM", "HAYATIMA DAVET EDİYORUM" kelimelerini koyun.
- "DENEYECEĞİM" (-ecek, -acak yok) yerine "YAPABİLİRİM", "YAPMAYI SEÇİYORUM" kelimelerini koyun. "OLACAK" diye bir şey yok. Daima, "OLDU,

OLDU, OLDU!" Bilinçaltı gelecek ve geçmişi bilmiyor bu sebeple ona sadece "OLDU", "VAR", "GELDİ", "GERÇEKLEŞTİ" kelimelerini kullanıyoruz.

Bu cümleleri de hayatınızdan çıkarın!

- "Asla mutlu olamayacağım."
- "Çok ümitsizim."
- "Nerede nasıl davranacağımı bilmiyorum."
- "Kafam çok karışık."
- "Hep beni bulur."
- "Her işi yarım bırakıyorum."
- "Her şeyi ertelerim."
- "Tembelim."
- "Yetersizim."
- "Yapamıyorum."
- "Olmaz."
- "Değişmez."
- "Her şey çok kötü."
- "Güvenmem."
- "Sevmem."
- "İnanmıyorum."
- "Şanssızım."
- "Hep aynı insanlar beni bulur."
- "Hemen hastalanırım."
- "Korktuğum şey başıma gelir."
- "Bıktım usandım."
- "Neye elimi atsam kurur."
- "İmkânsız."
- "Bunu asla affetmeyeceğim."

Bunların yerine kullanacağınız kelimeler

- "Çok mutluyum."
- "Olduğunu biliyorum."
- "Yerine göre davranmasını biliyorum."
- "Zihnim çok sakin."
- "Güzellikler hep beni bulur."
- "Başladığım her işi başarıyla bitiririm."
- "Kolay harekete geçerim."
- "Çalışkanım."
- "Yeterliyim, her halimle mükemmelim."
- "Yapabilirim."
- "Başarabilirim."

"Her şey çok zor!" diyen, "Demesi kolay!" diyen bir yapınız varsa bunu kodladığınız için her şeyi zorlaştırırsınız. Bu sözcüleri söylemek yerine, "Kolaylıkla yaparım, çözümü seçiyorum," diyebilirsiniz. Özellikle "kolaylıkla" kelimesini hayatınıza katarsanız her şeyin kolaylaştığını göreceksiniz. "Yapamıyorum!" dediğiniz sürece tüm yapabilme imkânlarını kısıtlarsınız. Başaracak güce sahip olsanız da artık başaramazsınız. "Olmaz!" dediğiniz sürece olabilecek olan tüm olasılıkların önüne bir set çekersiniz. "Değişmez!" dediğiniz sürece "böyle geldi böyle gider" zihniyeti ile hiçbir şeyi değiştiremezsiniz. "Her şey çok kötü!" dediğiniz sürece tüm iyi olasılıkları ve imkânları silersiniz. "Güvenemem!" dediğiniz sürece herkese ve her şeye karşı güvene dayalı tüm kapıları kapatırsınız. "Sevmem!" dediğiniz sürece kalp merkeziniz tüm sevgi iletişimine dayalı duygular, hisler ve sevgiye dair her şeye kapanır. "İnanmıyorum!" dediğiniz sürece hiçbir şeyin oluşturamayacağı bir boşluk oluşturursunuz. "Şanssızım!" dediğiniz sürece talihsizlikler yakanızı bırakmaz, işleriniz ters gider, olacak işleriniz bir anda olmaz, her şey bozulur, yani negatif çekim yasası çalışır. "Hep aynı insanlar (kötü, güvenilmez vb. olumsuz) beni bulur," yeni insanlar ve yeni işlerin hayatınıza girmesini bloke eder. "Hemen hastalanırım," derseniz kendi kendinizi hasta etmek için bağışıklık sisteminizi bloke edersiniz. "Neye elimi atsam kurur," derseniz bereket kapılarını kapatırsınız. "İmkânsız!" derseniz ne kadar çalışırsanız çalışın başarılı olamazsınız. "Bunu asla affetmeyeceğim!" derseniz geçmişe takılı kalırsınız, artık özgürlükten bahsedilemez. "Her şeyin bir anlamı var ve bunu kavramayı seçiyorum," gibi sizi besleyen ve zihninize pozitif mesajlar gönderen kelimeleri seçin. Şunu bilin; kullandığınız kelimelerle geleceğinizi yaratıyorsunuz. Unutmayın ki geminin kaptanız sizsiniz.

BİLİNÇALTINI POZİTİF KODLAMAK İÇİN EN ETKİLİ OLUMLAMA CÜMLELERİ

Davranışlarınızın temelinde bilinçaltı yatar. Bilinçaltını bilinçli bir şekilde yönlendirirsen geleceğini şekillendirebilirsin. Bilinçaltı mükemmel bir işçidir. Senin için gece gündüz çalışır. Tek yapman gereken onu doğru şekilde yönlendirmektir. Bunun için olumlamalar çok önemlidir. Olumlamalar eski olumsuz düşünce formlarının bir kısmının silinmesini sağlayacaktır ki bu bile yaşamınızda değişimlerin başlamasını sağlayacaktır. Örneğin; suçluluk duygusu azalan bir kişi hem iş yaşamında hem aile yaşamında daha olumlu ve güvenli olacaktır, yaşam kalitesi artacaktır ve hedeflerine ulaşmasına engel olan bir bağdan kurtulacaktır.

• **SUÇLULUK DUYGUSU İÇİN OLUMLAMA**

Geçmişimi sevgiyle arkamda bırakıyorum, kendimi affediyorum, huzur içindeyim.

• **GÜVENSİZLİK DUYGUSU İÇİN OLUMLAMA**

Kendimi seviyor ve onaylıyorum. Kendi değerimi görmeyi seçiyorum. Ben güçlüyüm.

• **YAŞAM KORKULARININ OLUMLAMASI**

Güvendeyim, her şey olması gerektiği gibi, huzur içindeyim.

• **BAĞIMLILIK OLUMLAMASI**

Özgür olmayı seçiyorum, geçmişi arkamda bırakıyorum, kendimden zevk alıyorum.

• **ÖFKE DUYGUSU İÇİN OLUMLAMA**

Kendimi bağışlıyorum, kendimi seviyorum ve kendi iyiliğim için herkesi bağışlıyorum.

• **İLETİŞİM SORUNLARI İÇİN OLUMLAMA**

Rahatça konuşuyorum, kendimi anlatıyorum ve insanları anlıyorum.

• **BAŞARISIZLIKLAR YAŞAYANLARIN OLUMLAMASI**

Kendimi seviyorum ve onaylıyorum. Ben her zaman ve tamamen yeterliyim.

• **KENDİNİ ÇİRKİN BULANLAR İÇİN OLUMLAMA**

Ben güzelim, değerliyim ve mutlu olmayı seçiyorum.

• **KENDİNİ PİS HİSSETMEYİ DÖNÜŞTÜRME OLUMLAMASI**

Bedenimi ve zihnimi seviyor ve onaylıyorum. Geçmişi arkamda bırakıyorum, ben harikayım.

- **KONSANTRASYON SORUNU İÇİN OLUMLAMA**

Düşüncelerimi istediğim yerde odaklıyorum ve merkezimdeyim. Her şey yolunda.

- **STRES İÇİN OLUMLAMA**

Tamamen gevşiyorum ve rahatlıyorum. Her şey olması gerektiği gibi oluyor. Ben yeterliyim.

- **KARARSIZLIK İÇİN OLUMLAMA**

Ben kararlıyım, kararlarıma sadığım ve kendimi destekliyorum.

- **GEÇMİŞ SAPLANTISI İÇİN OLUMLAMA**

Geçmişi bırakıyor ve yeni olanı sevgiyle kabul ediyorum. Her şey benim hayrıma çalışıyor.

- **DUYGUSAL SORUNLAR İÇİN OLUMLAMA**

Kendimi seviyor ve onaylıyorum. Mutlu olmayı seçiyorum ve sevgiyi her yerde buluyorum.

- **MÜKEMMELLİK İHTİYACI İÇİN OLUMLAMA**

Yaşamımdan her şey yeterli ve kendimi seviyorum. Her şey olması gerektiği gibi kolayca oluyor.

- **BAŞKALARINCA YÖNETİLMEYE KARŞI OLUMLAMA**

Gücümü geri alıyorum ve kendi kendimi yönetiyorum. Ben özgürüm.

- **GEREKSİZ ENDİŞELER İÇİN OLUMLAMA**

Yaşama güveniyorum, yaşamımda her şey yeterli ve her şey yolunda.

Elbette bunlardan başka da olumsuz duygu formları olabilir ama temel olarak bunları ele aldım. Sizin hangi konuda daha fazla çalışmaya ihtiyacınız varsa onu seçebilirsiniz.

BİLİNÇALTI NASIL PROGRAMLANIR?

Her duygunun altında mutlaka bir düşünce vardır. Eğer bir kişi kızgınlık duygusu hissediyorsa bunun nedeni kızgınlık duygusu uyandıran bir düşünce olacaktır. Düşüncesini değiştiren insan, duygularını da değiştirebilir. Düşüncelerini kontrol edebilen insan, duygularını da kontrol edebilir. Kişinin kendisine, başkalarına ya da yaşama karşı olumsuz duygularının altında olumsuz düşünceleri vardır. Olumsuz düşünceler ise kişinin geçmiş deneyimleri ya da olumsuz şartlanmaları ile oluşmuştur. Şu hâlde eski olumsuz kalıpları kırmak ve yerine olumlu düşüncelere, imgelere sahip olmak bir insanın yaşamını tamamen değiştirecektir. Olumlu düşünceler, olumlu duyguları beraberinde getirecektir. Kendine ve yasama güvenen, olumlu düşünebilen, canlı ve pozitif duyguları olan bir insan ise özgür, mutlu ve başarılı olmayı başaracaktır. Peki, eski düşünce modellerini silmek ve yerine yeni, olumlu düşünce modelleri koymak için ne yapmalıyız? Bunun birçok farklı yolu olmasına rağmen herkesin yapabileceği, en kolay tekniklerden biri olumlama yapmaktır. Nasıl yıllarca negatif düşünceler ürettiysek şimdi de pozitif düşünceler üretmeye başlayacağız. Bu çalışma belki biraz zaman alacaktır ama düzenli olarak çalışırsanız sonuçta çok başarılı olacaksınız.

30 yaşında bir insan her gün 1 kere suçluluk oluşturucu bir düşünce formu yaşasa bilinçaltı kayıtlarında 11 bin civarı suçluluk kaydı var demektir. O hâlde bu sayının daha üzerinde, suçluluk düşüncesinin karşıtı kabullenme ve bağışlama

düşüncesi oluşturduğum zaman artık eski kayıtlar hükmünü kaybedecek, silinecek ve bilinçaltının gerçekleri değişecektir. Demek ki buna göre her gün 100 kere yeni kayıtlar için olumlama yaparsam çalışma ortalama olarak 4 ayda, her gün 400 kere olumlama yaparsam çalışma 1 ayda bitecektir. Elbette bu bir tek olumsuz düşünce formudur ama sadece bunun değişmesi bile yaşamda çok şeyi değiştirecektir ve 1 ay sonra diğer çalışmaları da yapmaya başlayabilirsiniz. Aşağıda size bu konuda bir rehber veriyorum. Bazı negatif düşünce kalıpları ile oluşmuş temel duyguları belirledim ve bunlar için olumlama örnekleri hazırladım. Öncelikle en çok hangisine ihtiyacınız olduğuna karar verin ve onunla başlayın. Biri bitmeden diğerine geçmeyin. İstikrarlı çalışma ile mutlaka sonuç alacağınıza inanın. Her bir duygu için her gün en az 1 kere olumsuz bir düşünce ürettiğinizi varsayabilirsiniz. Ancak sizin yaşamınızda çok daha fazla da olabilir. Bir insan suçluluk duygusu için günde bir olumsuz düşünce oluşturduğunu ya da 1 düşüncenin kendisine iletildiğini varsayarken diğeri 10 tane olabileceğini de varsayar. Bu durumda sayı 10 katına çıkar. Bu kararı siz vereceksiniz. Ama sonuçta tam sayıya ulaşamasanız da yaptığınız her olumlama, eski olumsuz düşünce formalarının bir kısmının silinmesini sağlayacaktır ki bu bile yaşamınızda değişimlerin başlamasını sağlayacaktır. Suçluluk duygusu azalan bir kişi, hem iş yaşamında hem aile yaşamında daha olumlu ve güvenli olacaktır. Yaşam kalitesi artacaktır ve hedeflerine ulaşmasına engel olan bir bağdan kurtulacaktır.

KENDİ ÜZERİNİZDE BİLİNÇALTI İNANÇ DEĞİŞTİRME TEKNİĞİ NASIL UYGULANIR?

İlk adımda vermeniz gereken bir karar var. "Ben artık farklı inançlara sahip olmayı, farklı düşünmeyi, farklı bir şekilde hareket etmeyi kabul ediyorum. Hayatımda istediğim değişimleri yapmam için bu, atmam gereken ilk adımdır." Bu cümleyi beş kez sesli olarak tekrarlayın. İnançlar değişmeden gerçekler değişmez. Geçmişin hatalarını geleceğe projekte etmeyin. Örneğin; bir iş açtınız ama başarılı olamadınız, bunun sonucunda vardığınız nokta; "Bundan sonra iş açmayacağım, kimseye de güvenmeyeceğim," şeklinde olmamalı. Bunun yerine; "İş açarsam ... konuda ... şahsa güvenmeyeceğim," diye düşünebilirsiniz.

Şimdi, hangi konularda sınırlı inançlarımız var, tek tek onları belirleyelim. Aile ile ilgili sınırlı inançlarınız neler? Para, sağlık, aşk, mutluluk, yetenek, başarı ile ilgili sınırlayıcı inançlarınız neler? Aklınıza gelen her şeyi "bu iyi, bu kötü" diye sınırlamadan yapın, sonra gerekirse eklemeler yapın.

ÖRNEK

Aile ile ilgili bir inanç bulalım.

"Benim annem değerlidir."

Soru: Bu inanç beni kısıtlıyor mu? Beni etkileyen olumsuz bir yönü var mı?

Yanıt: Hayır

ÖRNEK

"Annem hep benim iyiliğimi ister."

Soru: Bu inanç beni kısıtlıyor mu?

Yanıt: Evet, annem her zaman benim iyiliğimi ister ama onun iyiliğimi istemesi her zaman benim için en doğru kararları vereceği anlamına gelmiyor.

Yeni inancım: "Annem benim iyiliğimi ister ama o da hatalı kararlar verebilir. Bu nedenle anneme güveniyorum ama benim için istediklerinin iyi olup olmadığına ben karar veririm."

İşte bu yeni ve özgürleştirici bir inançtır. Bütün maddelere bakarak yeni inanç listenizi oluşturduktan sonra bu yeni inançlarınızı bir kâğıda alt alta yazın ve her gün yeni inançlarınızı defalarca okuyun. Evde görebileceğiniz yerlere asın. En az 21 gün boyunca bunu sürdürün. Yeni inançlarınız tamamen yerleşene kadar bunlarla çalışın. Değişim yolunda atacağımız ilk adım budur.

Peki, her istediğimiz neden olmuyor?

Çünkü gerçekten istemeyi bilmiyoruz. Gerçek isteklerimizin farkında değiliz. Anlık arzularımızı, şartlanmalarımızı, başkalarının bize empoze ettiklerini ve isteklerini kendi isteklerimiz sanıyoruz. Aylardır iş arayan biri gerçekten çalışmak mı istiyor yoksa iş hayatından kurtulmak mı? Gerçekten istediği işi bulacağına inanıyor mu yoksa; "Böyle bir iş bulamam ama istemesem de herhangi bir işte çalışmak zorundayım" inancına mı sahip? Eğer yürekten inanarak istersek bu istek mutlaka gerçekleşecektir. Gerçekten ne istediğinize karar verin. Bu isteklerin gerçekleşeceğine inanın. Mevcut koşulları unutun, dikkatinizi yeni olasılıklara verin. İnancınızı koruyun ve mükâfatı alacağınızı bilin. En önemlisi akışa teslim olun. Bazı şeyler kötü görünse bile onları, amacınıza ulaşmanız için geçmeniz gereken duraklar olarak görün. Dışınızda hiçbir şey yok, siz içinize bakın. Dış, için yansımasıdır; içinizde ne varsa dışınızda onu yaşarsınız. Eğer hayatınızda bir şeyleri değiştirmek istiyorsanız içinizdeki bir şeyleri değiştirmek zorundasınız. İçinizi değiştirmeden dışınızı değiştiremezsiniz.

Soru: Hayatınızda nelerin değişmesini istersiniz? Neyi farklı yapmak isterdiniz?

Elinize bir kâğıt alın ve aklınıza gelen her şeyi yazın. Şimdi şunları düşünmenizi istiyorum;

- Bu isteklerinizi yapmanıza engel olan şeyler nelerdir?
- Ne olsaydı bunları başarabilirdiniz?

Cevap: "Daha fazla okusaydım, daha fazla param olsaydı, annem beni anlasaydı..."

Şimdi sizden o maddelerin hepsinin üstünü çizmenizi istiyorum. Defalarca kez çizin, karalayın, okunmaz hâle getirin. Sonra elinize bir kalem ve kâğıt alın, şunu yazın;

"Bunları yapmama engel olan içimdeki şeyleri değiştirseydim o zaman yapabilirdim."

Peki, nedir engelleriniz? İçinizde ne var ki istediklerinize ulaşamıyorsunuz? Buna, "gerçek istek, inanç, odaklanma" gibi bazı yanıtlar var elbette. Hepsinin toplamı bizi tek bir noktaya götürüyor. Size engel olan sadece sizsiniz. O hâlde kendinize bir iyilik yapın ve kendi önünüzden çekilin. Kendinizi engellemeyi bırakın. İçinizdeki o sabotajcının sesini kısın. Bu bir kararlılık meselesidir. Şimdi bir seçim yapın. Derin bir nefes alın, gözlerinizi kapatın ve tekrarlayın:

"Kendi kendimin en büyük destekçisi olmayı ve içimdeki gerçek gücü ... için kullanmayı seçiyorum."

... kısmında istediğiniz şeyi söyleyin. Bunu söylerken inançla, güvenle umutla söylemenizi istiyorum.

Gerekirse defalarca söyleyin. Gerçekten hissederek söylediğiniz anda içinizde o enerjiyi hissedeceksiniz.

Gözleriniz parlayacak, kendinizi çok mutlu hissedeceksiniz. Yaşamınızdaki hiçbir sorundan dolayı kimseyi suçlamayın ve sorumluluğu alın. Lütfen şunu hatırlayın; siz değişirseniz evren değişir! Titreşiminizi yükseltin.

Meditasyon ve yoga gibi uygulamaları düzenli olarak yaparsanız titreşiminizi yükseltirsiniz. Mutluluğunuzu koşullara bağlamayın. Koşulsuz mutlu olmayı başarmak belki de yaşamınızı değiştirmek için en önemli adımlardan biri olacaktır. Mutluluk sizinle sizin aranızda bir meseledir. Mutlu olmak için bir şeyler yapmanıza, bir şeylere sahip olmanıza gerek yoktur. Mutlu olmak için sadece mutluluk verecek bir yaşam anlayışınız olmalıdır. Elinizdekilere şükredin. Kimseyi kendinizle mukayese etmeyin. Mutlu olmak için sadece var olmak yeterlidir. Seçimlerinizi korkulara göre değil hayallerinize göre yapın. Korku ile verilen kararlar sizi hapseder, sınırlarınızı çizer. Sizi küçük düşünmeye ve güvenli alanda kalmaya yönlendirir. Size, "Güvenme sakın, korun, korkmaya devam et!" der. Engeller, bloke eder. İnançla verdiğiniz hayallerinizi besleyen kararlar ise sizi destekler, güven verir, umut verir, harekete geçme motivasyonu verir. Rahatlık ve keyif duygusu verir. Gerçek potansiyelinizin açığa çıkmasına yardım eder. Size büyük düşünme yeteneği ve başarılı olma şevki verir.

Verdiğiniz bir kararı, seçimi düşünün. Korku ile mi karar verdiniz yoksa hayallerinize göre mi? Peki, neden korktunuz? Koşullar veya başka biri mi, duyduğunuz haberler mi, aile ahlakına uygun davranmamak mı? Neden? Şimdi senaryoyu kafanızda değiştirin. O anda korkmasaydınız, hayallerinizi besleyecek bir karar verseydiniz ne olacaktı? "Bilmem," diyeceksiniz belki, "ne iyi ne kötü." Haklısınız ama bilmeniz gereken bir şey var. O da enerjinizi hayallerinize ulaşmak için kullanacaktınız. Belki istediğiniz sonucu alamayacaktınız ama evrene diyecektiniz ki, "Bak bunun için tüm korkularımı bıraktım. Cesaretle bir adım attım, tüm olasılıklara kendimi açtım çünkü bunu gerçekten istiyorum." Evren de "Cesaretin senin için bir onur, benim için komuttur. Yanındayım ve yolu senin için açacağım," diyecekti.

Seçimlerinizi her zaman hayallerinizi besleyecek inançlara göre yapın. Evren yanınızda olacaktır. İnsan yediği kadar değil, yedirdiği kadar doyar. Eğer almak istiyorsanız vermeyi bileceksiniz. Kıtlık ve yoksunluk bilincini bir tarafa bırakın. Vererek ancak artırırsınız. Paranızı, bilginizi, imkânlarınızı, emeğinizi, zamanınızı, sevginizi her şeyinizi paylaşmaya gönüllü olun. "Bir gün bende olursa veririm," demeyin. Bu, tuzaktır. Siz vermeden gelmeyecektir. Koşulsuz, beklentisiz, sevgiyle yapın. İşte o zaman bolluk, refah ve mutluluk size gelecektir.

ÖZGÜVEN VE ÖZDEĞER SORUNU İÇİN NASIL BİR ÇALIŞMA YAPABİLİRİZ?

Özgüvenle ve özdeğerle ilgili sorunlarınızın kaynağı çocukluk döneminde olabilir. İçinizdeki yaralı çocuğu iyileştirerek hayatınızı dönüştürebilirsiniz. Bunun için "İçimdeki Çocuk Çalışması"nı yapabilirsiniz.

İçimdeki Çocuk Çalışması*

Gözlerinizi kapatın. Derin bir nefes alın, 4-5 yaşlarındaki çocukluğunuza gidin. Bir yatakta, divanda, döşekte, anne karnındaki cenin pozisyonunda kıvrılmış yattığınızı görün. Yanına oturun, saçlarını okşayın; yanağında gözyaşı var. Yavaşça o gözyaşını silin. Sen bunu yaptığında o gözlerini açacak; biraz ürkek, biraz tedirgin yüzünüze bakacak. Onu incitmeden kucağınıza alın. Ona deyin ki;

"Ben bir hayat koşuşturmacasına, hayat mücadelesine daldım ve seni burada unuttum. Bunun için senden ÖZÜR DİLİYORUM, LÜTFEN BENİ AFFET. Bundan sonra ben hep YANINDA olacağım ve ben yanında olduğum sürece sen hep GÜVENDE olacaksın."

Çocuğun gözlerindeki ürkekliğin dağıldığını ve bir umut ışığının yandığını görün. Ona sarılın ve o küçücük elleriyle

---

* *Hayatımı Değiştiren Her Şey* - Ayşen Bozkuş kitabı da bu konuda size referans olabilir.

boynunuza dolandığını, size sımsıkı sarıldığını hissedin. Ona öyle bir sarılın ki hayatı boyunca kimse ona böylesine büyük bir sevgiyle sarılmamış olsun.

Onun çocuk kokusunu duyun, saçlarındaki yasemin kokusunu alın ve onun tekrar yüzüne bakarak deyin ki;

"Bundan sonra elim hep elinde olacak.

Elim elinde olduğu sürece sen hep güçlü olacaksın.

Artık ben hep YANINDAYIM ve ben yanında olduğum sürece sen hep GÜVENDESİN.

Çünkü ben seni bu dünyadaki herkesten ve her şeyden çok seviyorum.

Çünkü sen bu dünyada güzel olan her şeyi hak ediyorsun.

Gözünün değdiği gönlünün dilediği tüm güzellikleri HAK EDİYORSUN.

Sağlığı, zenginliği, güzel bir işi, aileyi hak ediyorsun.

SENİ SEVİYORUM."

Sonra küçük çocuğun yüzünün aydınlandığını ve size gülümsediğini görün, onu yavaşça yatağına yatırın, üstünü örtün ve gülümseyerek huzurla uykuya daldığını görün. Onun güvende olduğunu bilerek huzurlu bir uykuya dalın.

Derin bir nefes alın ve uyanın...

PARA İNANCINI NASIL DEĞİŞTİRİRİZ?

"Ben parayı çok zor kazanıyorum," diye bir inancımız olduğunu var sayalım. Birçok insanda sadece para değil birçok şeyi zorlukla elde ettiği inancı vardır. Bunu da biraz kökleştirmişlerdir. Hatta biraz da egonun beslenmesi ile bu inançlar oluşmuştur. "Ben dişimle tırnağımla buraya geldim,", "Ben her şeyi zorla elde ettim,", "Ben her şeyi çok mücadele ederek elde ettim," gibi inançlarımız olabilir. Bunları her söyleyişte bilinçaltına bir komut daha veriyoruz. Siz, "Elimi neye atsam kuruyor," derseniz elinizi neye atarsanız zorlukla elde edersiniz. Çünkü "Ben her şeyi mücadele ile elde ederim," komutunu atmış oluyorsunuz. Buradan çıkıp;

"Her şey bana kolayca gelir."

"Para bana kolayca gelir."

"Para bana su gibi gelir," deyin.

Her şey sizin inancınıza karşılık verir. Sizin inancınız etrafa yayılan bir dalgadır. O dalga gidiyor, kendiyle eşleşiyor ve benzer bir dalgayı buluyor. O dalga yüksek frekansta ise yüksek, düşük frekansta olursa düşük frekanstakini çeker.

Siz temizlendikçe yüksek titreşim yaymaya başlıyorsunuz. Bu defa her şey yolunda gitmeye başlıyor. Bizim için geçmiş veya gelecek yok, şu an var. Şu an için boşlukta sıralanmış beyaz toplar var. Biz hazır oldukça bizim şimdimize geliyor. Sonra bu toplardan birisi ile eşleşiyor ve "İstediğimiz oldu," diyoruz. Şimdimizi iyileştirdiğimizde, hem geçmişimizi hem geleceğimizi düzeltmiş oluyoruz. Çünkü 0-5 yaşındaki çocuk şu an bizimle birlikte. Sadece biraz boynu bükük kalmış. Biz iyileşince o da iyileşiyor. Biz kuarklarız, kuantum parçacıklarıyız. Bizler zaman ve mekândan bağımsız varlıklarız. Bizler ileri geri sınırsız uçuşlara sahibiz. Her imgelemde zaten var olan bir kozmik dalgaya doğru gidiyoruz. Biz, olmayan bir şeyi hayal edemiyoruz. Bir şey düşündüğümüzde, bir ev düşündüğümüzde, şu sonsuz olasılıklar evreninde var olan bir toptan gelen yayını alıyoruz. Olmayan bir şeyi istesek de imgeleyemeyiz. Gerçekleşme potansiyeli olmayan şey aklımıza bile gelmez, zihnimize düşmez. O nedenle dua ederken sonuç odaklı olmalıyız. İmkânsız diye bir şey yoktur. En basit hâliyle kuantum budur. Sonuç odaklı olmaktır. Nereyi hareketlendirirsek orası hareketlenmeye başlar. Sadece bunu denememiz yeter. Dünyada titreşim hızı çok arttı. Uyanış başladı. Çok fazla kişi potaya girmeye başladı. Çok hızlı yol alan arkadaşlarımız var. Bırakmak yok, yola devam.

"Evrenin bolluk ve bereketi bana akıyor,", "Ben parayı kolaylıkla elde ediyorum ve para bana artarak geliyor,", "Maddi ve manevi zenginliğim her geçen gün artıyor ve zenginliğin tadını çıkarıyorum,", "Para bana bildiğim ve bilmediğim yollardan artarak ve bol bol geliyor." Sabah gözünüzü açar açmaz daha alfa durumundayken birkaç kere bu olumlamaları yapın. Bunları uyumadan önce gene alfa frekansındayken 5-10 kere tekrar yapın. Sabah akşam bu olumlamaları 5-10 kere tekrarlayın. Gün içinde de olabildiğince çok tekrarlayın. Bunlar en az 21 gün tekrarlanacak. Yatağa yatın, gözünüzü kapatın. 10 kere yavaş ve derin diyaframdan nefesler alın. Nefesi karın inip çıkacak şekilde burundan alınıp burundan verin. Nefesin alt göğüs, orta göğüs, üst göğse yükselip tekrar sizden çıktığını imgeleyin. Nefes enerjisini en derine çekin. Nefesi burundan alıp karnın alt tarafına kadar çekip bir nevi bilinçaltı temizliği yapılacak. Akla düşünceler gelip geçerken sadece izleyici olun. Siz gökyüzüsünüz, düşünceler bulut. Bulutlar gelir gider. Siz sadece onun izleyicisi olun. 10 dakika boyunca nefesine odaklanırken dışarıdan gelen sesleri dinliyoruz. Dışarıdaki seslere odaklanınca zihinden de bir şey geçmemiş olur. Meditasyon hâline gelip tamamen gevşeyin. Gevşemek için "Şu anda gevşiyorsun," deyin. Ayaktan başa tüm vücudu düşünüp her yerinizi gevşetin. Sona gelince omuzları oynatıp biriken negatif enerjileri atın. Bir yandan da "Gevşiyorum," demeye devam edin. Başı, yüzü, kaşları, sıkılı en küçük kasları gevşetin. Sonra kendinizi pembe bir balonda, istediğiniz şekilde düşünün. "İstiyorum" sözünü kullanmayın.

"Dileğim için gerekli paraya/imkâna sahibim."

"Maddi ve manevi olarak her gün daha da zengin oluyorum."

"Zenginliğim her gün artıyor."

"Nasıl olacak?" sorusuna girmeyin!

PARA KONUSUNDA BİLİNÇALTI TEMİZLEME TEKNİĞİ

Sorulara hemen alışıldık, otomatik tepkisel cevaplar vermeyin. Örneğin, aşağıdaki 4. soruyu sorduğunuzda, "Neyinden hoşlanacağım ki!" gibi ani cevaplar vermeyin. Cevabın yüzeye çıkması için kendinize izin verin.

Not: "Temizle" yazan kısımda temizleme cümlesi olarak kullanabileceğiniz cümle kalıbı şudur:

"Bununla ilgili açığa çıkan ne varsa yıkıp yeniden yaratımını iptal ediyorum."

1- Anne babanın paraya ilişkin tutumlarında ve etkinliklerinde değiştirmek istediğin ya da direndiğin herhangi bir şey var mı? (Varsa temizle)

2- Anne babanın paraya ilişkin inanç kalıplarından hiç fark etmeden taklit edip hayatına soktuğun bir kalıp var mı? (Varsa temizle)

3- Çok paran olursa olmasından korktuğun şey nedir? (Korkuları temizle)

4- Şimdiki parasal durumuna ilişkin hoşlandığın şey nedir?

5- Şimdiki parasal durumuna ilişkin hoşlanmadığın şey nedir? (Temizle)

6- Paranın seni kontrol etmeye çalıştığını hissettin mi? Parayı sen kontrol etmek istedin mi? (Bu kontrol hislerini temizle)

7- Parada ya da paraya ilişkin herhangi bir şeyde hoşlanmadığın ya da onaylamadığın bir şey oldu mu? (Hoşlanmama, onaylamamaları temizle)

8- Paranın sendeki bir şeyden hoşlanmadığını ya da onaylamadığını bir biçimde hissettin mi? (Hissettinse temizle)

9- Paranın sana meydan okuduğunu, karşı çıktığını bir biçimde hissettin mi? (Hissettinse temizle)

10- Sen paraya herhangi bir şekilde meydan okudun mu, karşı çıktın mı? (Temizle)

11- Kâğıtta iki tane sütun oluşturun. Birine "Avantajlar" diğerine "Dezavantajlar" yazın.

- Parasal özgürlüğe sahip olmak sana hangi yararı sağlayacak? (Cevabı "Avantajlar" başlığının altına yaz ve o arzuyu serbest bırak)
- Parasal özgürlüğe sahip olmak hangi zarara sebep olacak? ("Dezavantajlar"a yaz ve o zarar duygusunu, korkusunu temizle)

"İnsanlar beni o zaman param için severler," gibi.

12- İdeal para durumunu şu anda, şimdi oluyor gibi hayal et. Ona şu anda sahip olduğunu hayal et ve bu duruma karşı içinden yükselen itirazları temizle.

13- Hedef bildiriminde bulun ve ortaya çıkan itirazları temizle.

ÖRNEK

1 hafta içinde sadece serbest bırakarak kolaylıkla 10.000 TL'den fazlasını elde ediyorum.

Bu cümleye benzer bir şey yazın ve bu cümleyi yazarken ve okurken ortaya çıkan itirazları temizleyin.

ZENGİNLİKLE İLGİLİ EN SIK RASTLANAN KORKU VE İNANÇLAR NASIL DEĞİŞTİRİLİR?

Parayla ilgili ailemizin bize aktardığı negatif inançlarımız ve korkularımızı, pozitif olumlamalarla değiştirebiliriz. Bizler ana babadan aldıklarımızı direkt olarak hayatımıza sokarız. Bu yüzden onlardan neleri aldığımızı bilmemiz gerekir. Ancak ailemiz bize kendi bildiklerini öğrettiler, bildikleri doğruları bize aktardılar. Bu anlamda onlara kızmamak, onları eleştirmemek, yargılamamak çok önemlidir.

SORU: Anne babanızın parayla ilgili tutum ve inançlarında direndiğiniz, değiştirmek istediğiniz bir şey var mı?

SORU: Anne babanızın parayla ilgili inanç kalıplarında hiç fark etmeden taklit edip hayatınıza soktuğunuz bir kalıp var mı?

SORU: Parasızlık bizde neye hizmet ediyor?

SORU: Çok para olursa korktuğumuz bir şey var mı?

SORU: Bilinçaltı düzeyde parasızlıktan memnun muyuz? Parasızlık neye hizmet ediyor?

Bilinçaltında parayla ilgili en çok rastlanılan korkular

1- Bilinçaltı aslında parayı istemez, paradan uzak durur.

"Param olursa zaten annem, babam, kardeşlerim onu bende bırakmazlar, alırlar."

"Elimde şu kadar para olursa, babam borçlu olduğu için yarısını o alır. Yarısını ona vermek zorundayım."

Sırf bu nedenler yüzünden paradan uzak duran insanlar vardır. Bu sorulara insanların aklıyla verdiği cevaplar çok gerçek çıkmaz. Birçok sorudan sonra en alt düzeyde korkuları buluruz. Herkes kendi üzerinde çalışırsa benzer durumları yakalayabilir. Bu tür nedenlerle kendimize gelen parayı kısıtlayabiliriz. İnsanlara bu tür korkularını kendilerine söyleyince genelde çok şaşırırlar. Fakat tekrar söylüyorum; bilinçaltı 5 yaşındaki çocuk gibidir, o bir şeyden korkmuşsa hâlâ da korkmaya devam edebilir. O yüzden orası neyi nasıl kodladıysa, o kodladığımız şekilde bizi yönetmeye devam eder.

2- Şu anda yapamadığımız her şeyi parasızlığa yüklemek.

"Şunu yapardım ama param yok."

"Şunu çok istiyorum ama olmadı, çünkü param yok."

Birçok insanda bu inanç vardır. Parasızlık, arkasına saklanılan bir bahane oluyor. Mesela çok başarılı olmaktan korkanlar bile buna sığınabiliyor. Yani para olsaydı birçok şeyi başarabileceklerini düşünüyorlar. "Param yok," diyerek o sorumluluğu almamış oluyorlar.

3- "Çok param olursa şımarırım."

Bu inançla da çok karşılaşıyoruz. Bu inancın altında genelde şu anlayış yatıyor; "İnsan elindekiyle yetinmeyi bilmeli."

4- "Çok param olursa mutsuz olurum."

Bu kişiler bilinçaltını, "para = mutsuzluk" olarak bağlamışlar. Bu kişiler; "Parayla sadet olmaz!"

"Zenginlerin hâli ortada; mutlu olacak olsalar, onlar olurdu," gibi cümlelerle kendilerini ifade ederler.

5- "Çok param olursa herkes benden bir şey bekler."

"Büyüdükçe kapımıza bir şey istemeye gelenler de artar," derler.

6- "Çok param olursa, anne baba sevgisinden mahrum olurum."

Anne babanın onu parasız olduğu için sevdiğini, parası olunca eskisi kadar sevmeyeceklerini, korumayacaklarını düşünen insanlar vardır.

7- "Çok param olursa herkes beni kıskanır, çekemez; yalnız kalırım."

Çok parası olunca yalnız kalacaklarını, hatta sevilmeyeceklerini düşünenler vardır.

8- "Çok param olursa hasta olurum veya erken ölürüm."

Bazı kişiler hep zengin ama hasta kişilere dikkat edip kendilerinin de zengin olurlarsa o zenginler gibi hasta olacaklarına, o zenginler gibi öleceklerine inanırlar ve parayı kendilerinden uzak tutarlar.

9- "Çok param olursa, insanlar beni param için severler."

Bu inanç da çok yaygındır. "Beni olduğum gibi değil param için severler," diye korkarlar.

10- Geçmişte büyük paralar kazanıp kaybettikleri için, kazanırsa gene kaybederim diye korkanlar.

Bunlar aynı hayal kırıklığını yaşamaktan korkarlar. "Bir daha para kazanırım kazanmasına da yine elimden giderse eskiden çektiğim gibi çok acı çekerim," diye düşünürler. Bu nedenle parayı kendilerinden uzak tutarlar veya sınırlı miktarda gelmesine izin verirler.

Bilinçaltında parayla ilgili en çok rastlanılan negatif inançlar:

- "Parayla saadet olmaz."
- "Para geldiği gibi gidiyor."
- "Paranın bereketi yok."
- "Para kazanmak zordur."
- "Para el kiridir."
- "Para bütün kötülüklerin anasıdır."
- "İki yakamız bir araya gelmiyor."
- "Dökme suyla değirmen dönmez."
- "Borç yiğidin kamçısıdır." (Bu çok duyulur. Bu söz söylendikçe borçtan kurtulamayız.)
- "El attığım her yeri kurutuyorum."
- "Parayla aram iyi değildir."
- "Zengin insanlar mutsuzdurlar."

Bunlarla değiştirilecek en etkili inanç cümleleri:

- "Parayı seviyorum."
- "Para benim dostum."
- "Bolluk ve bereket içindeyim."
- "Ben her halimle bolluk bereket içinde yaşamayı hak ediyorum."
- "Buna layığım." (Birçok insan bilinçaltında paraya layık olmadığına inanıyor.)
- "Cebimdeki para olduğu yerde bereketleniyor."

Yapmamız gerekenler:

1- Paraya saygılı davranın. Parayı yerde bile bulsanız cebinize tıkıştırmayın. Özenle katlayıp cüzdanınıza koyun.

2- "Kara günler için para biriktiriyorum," diyerek kara günleri çağırmayın. Bunun yerine mesela, "İleride yaşayacağım mutlu günler için para biriktiriyorum. Çünkü param birikince seyahate çıkacağım," deyin.

3- Kimseye, "Sen ilk önce kendini kurtar," veya "Önce ben kendimi kurtarayım da," demeyin. "Sen önce kendini kurtar," cümlesi, "O kadar kötü durumdasın, sanki bir bataklıktasın. Sen önce bir kendini kurtar bakalım..." anlamında negatif bir imge yaratıyor.

4- Evde bozuk ve tıkalı şeyleri tamir ettirin. Evrende tesadüf yoktur; her şey bir mesajdır, evde damlayan bir musluk bile bir yerdeki enerji kaybını gösterir. Kapının zor açılıp kapanması da yine aynı şeye işaret eder. Para akışı istiyorsak kapıları daha rahat açılıp kapanır hâle getirin, muslukları da tamir ettirin.

5- Parasızlığın şakasını bile yapmayın. Parayla ilgili kötü şaka yapmayın. "Bizde bu şans varken..." diye şakalar yapmayın çünkü bilinçaltı şakadan anlamaz.

6- Parasal anlamda kendinizi başkalarıyla kıyaslamayın. Kıyas yokluk duygusunu tetikler. Onun yerine varlığa odaklanın ve sahip olduklarınıza şükredin. İnsanlar parasal konuda kendilerini başkalarıyla kıyaslamayı çok sever. Fakat başkalarıyla kıyas yaptıkça yokluğa daha çok odaklanmış oluyoruz. "Komşu çok güzel bir araba almış," demek bile yanlıştır. "Ben anlamıyorum, bunlar bu kadar kısa sürede bu kadar şeyi nasıl aldılar?", "Param yok diyor ama kendine şunu almış," gibi söylemlerle başkasındaki varlığı konuşurken kendimizdeki yokluğu da tetikliyoruz. İşte burada da çekim yasası iş başındadır. Yasa, "Neye odaklanırsan onu büyütürsün," diyor. Varlığa odaklanırsak varlığı, yokluğa odaklanırsak yokluğu tetikleriz. Hayallerini, hedeflerini sorunca insanlar bana önce eksikleri anlatıyor. Mesela araba almayı istiyor ama önce eski arabanın eksik taraflarını anlatıyorlar. Onlara, "Bana yeni alacağınız arabayı anlatın," diyorum. İnsanlar genelde istemedikleri şeylere odaklanıyor. Asıl sıkıntı da bu oluyor. Çünkü nerenin enerjisini hareketlendirseniz oradan size doğru akmaya başlar. O yüzden odak noktamızı, pusulamızı varlığa doğru çekmeliyiz.

7- İstemeyin. Sürekli "istiyorum" kelimesini söylemek sizi eksik ve isteme frekansında tutar. "İstiyorum" sözünde bir eksiklik bilinci vardır. Bir şey istemek "ondan bende yok" demektir.

8- Niyet edin ve bırakın. "İstiyorum," yerine "Niyet ediyorum," deyin. Çünkü niyet çok daha güzel ve kuvvetli titreşime sahiptir. Niyet evrene verilmiş en güçlü mesajdır. Önce küçük niyetlerle başlayın. Onlar gerçekleştikçe niyetleri büyütün. İstediğini söyleyip sonra onu akışa bırakmak gerekiyor. İşin en zor kısmı da budur.

ÖRNEK

Varsayalım saat 18.00 ve arkadaşlarla bir kafede oturuyorsunuz. Akşam bir davette kırmızı bir elbise giymeyi tasarladınız. "Bir saat içinde bu kırmızı elbiseyi bulabilir miyiz?" dediniz. Ardından "Biraz zor," dediniz. Evet, artık biraz zor. "Bu akşam kırmızı elbise giymem lazım, o yüzden o elbiseyi bulmam lazım!" diye yola çıkarsak onu bulamayız. Eğer "Bu akşam kırmızı bir elbise giymek istiyorum. Ama bulamazsam evdeki siyah elbisemi giysem de olur," dersek buluruz. Hemen yanı başımızdaki butikte karşımıza çıkar. Sistem her zaman böyle çalışır.

Her ne istiyorsak isteyelim, ona sımsıkı sarılmamalıyız ya da direnç göstermemeliyiz. Sadece niyetimizi söyleyip bırakmalıyız. Tabii bu niyetle ilgili daha önce yapmamız gereken şeyleri yapmış olmak gerekir. Ondan sonra bekleyeceğiz. "Oldu, olacak, nasıl olacak, ne zaman olacak, kim tarafından olacak..." diye endişe etmeyi bırakacağız. Her ne olacaksa titreşim seviyesini belli noktaya çektiğinizde, o şey hayatımıza dâhil olacaktır.

Peki, bütün zenginler böyle çalışmalar yaptıkları için mi zengin oldular? Hayır, yapmadılar. Bazı insanların zenginliği kaderseldir. Onların hayat planlarında, deneyimlerinde zengin olmak vardır. Bunu onlara Allah verip "Bu zenginliği sana verdim, ama bakalım sen bu zenginlikle ne yapacaksın? Bu zenginliği nasıl kullanacaksın? Hayırda mı şerde mi kullanacaksın? Yoksa bu zenginlik senin egonu mu şişirecek?" diyecektir. Yani Allah onu bu zenginlikle sınayacaktır. Fakat bu, şu hangi durumdaysanız "Bu benim kaderim," deyip oturacaksınız anlamına gelmiyor. Siz de kendi hayatınızda enerjinizi doğru kullanmaya başlarsanız, korku ve negatif inanç kalıplarından kurtulursanız bir olasılık dâhilinde isteklerinizi çekersiniz. Çünkü şu anda bu kitabı okuyor olmanız bile tesadüf değildir; olasılıkta bir zenginlik bilinci bulunduğu için okuyorsunuz. Demek ki böyle bir şeyi düşünüyorsunuz; zihnimizde veya hayat planımızda var olan bütün olasılıklar zaten var. Evet, bir kader ve devam eden bir işleyiş de var fakat bunun yanında, bizim bir aklımız var. Yani, özgür irademizle hayatımızın belli noktalarını şekillendirebilme gücümüz de var. İşte kuantum burada devreye girer. Amacımız bütün olasılıkları devreye geçirmektir.

BİLİNÇALTINA ZENGİNLİĞİ NASIL KODLARIZ?

Uzamsal hafıza, kişinin çevresiyle ve bulunduğu konumla ilgili bilgi veren yön algısı, konum bilgisi ve genel olarak oryantasyon sağlayan bir hafıza türüdür. Bu hafıza bilinçaltında siz farkında olmadan sürekli çalışır ve zihinsel gücünüzün çok önemli bir parçası olarak çevrenizle ilgili haritalandırma yapmaya devam eder. Bu sayede yüzlerce yeri hatırlar, yönünüzü zorlanmadan bulur ve buna ek olarak binlerce eşyanın yerini, nerede durduğunu bilirsiniz. Örneğin, bir arkadaşınız su içmek istese bardağın yerini, tamir gerekse iki ay önce kaldırdığınız tornavidanın yerini hemen hatırlarsınız. Bunun gibi uzamsal hafıza, isteklerinize kavuşmanızda kilit rol oynayacak şekilde bir anahtar olarak karşımıza çıkıyor.

1. Adım

Çok iyi bildiğiniz, her şeyiyle gözünüzün önünde rahatlıkla canlandırabileceğiniz bir mekân seçin. Evinizin bir odası, çalıştığınız ofis, hep gittiğiniz bir kafe ya da park olabilir.

2. Adım

Bu mekânda kendinizi yürürken gözünüzün önüne getirin. Bu aşamada mümkün olduğunca canlı ve net bir şekilde çevrenizdeki her şeyi zihninizde canlandırmaya çalışın.

3. Adım

Hayata geçirmek istediğiniz niyetinizi düşünün. Bu egzersiz özellikle bereketi hayatınıza çekmek için çok işe yarayacaktır.

Örneğin; gözünüzün önüne yürüdüğünüz yolun kaldırım kısmına dağılmış yüzlerce 200 TL'lik banknotlar getirebilirsiniz veya mutfak tezgâhının paralardan yapıldığını, yolunuzdaki tüm evlerin camlarına banknotlar yapıştırıldığını gözünüzün önüne getirebilirsiniz. Seçtiğiniz mekân bir parksa ağaçların yapraklarını veya yere düşmüş yaprakların para şeklinde olduğunu düşünün. Seçtiğiniz mekândaki normal ve alışıldık nesneleri niyetinizi simgeleyen nesnelerle değiştirin. Eğer niyetiniz bereket değil başka bir şey ise ve onu simgeleyen bir nesne bulmakta güçlük çekiyorsanız zihninizi tetikleyebilmek için kelimeler seçebilirsiniz. Mesela, uygun bir ilişkiyi hayatınıza çekmek istiyorsanız "Seviyor ve çok seviliyorum" gibi olumlama cümlelerini bu mekânın çeşitli yerlerinde yazılmış olarak görebilirsiniz. Her gün gördüğünüz bir reklam panosuna bu cümlelerin yazılmış olduğunu gözünüzde canlandırabilirsiniz. Hep okuduğunuz bir derginin kapağında veya kafedeki menünün üzerinde yazılı görebilirsiniz. Burada hayal gücünüzü sınırsızca kullanmanız gerekiyor.

Gözünüzde canlandırdığınız görüntü ne kadar tuhaf veya alışılmadıksa bilinçaltı programlamanız o kadar kolay olacaktır. Bu teknik yıllarca çalışma gerektirmez. Tam aksine çok hızlı çalışıyor ve bir hafıza sarayı inşa etmenizi sağlıyor. Saray denmesinin nedeni bilinçaltında bu niyetlerin elle tutulur ve somut olarak algılanmasıdır. Bu egzersizle ulaşmak istediğiniz hedefinizle aşina olduğunuz mekân arasında bir bağ kuruyorsunuz. Uzamsal hafıza sayesinde niyetinizi somut bir hâle dönüştürüp arka planda siz farkında olmasanız da gerçekleşmesi için sürekli canlı tutuyorsunuz. Sadece canlı tutmakla da kalmıyor bilinçaltınızın bu niyeti gerçekleşmiş olarak algılaması için programlamış oluyorsunuz.

BİLİNÇALTININ SEMBOLİK GİZLİ DİLİ NEDİR?

Bilinçaltı semboller aracılığıyla konuşur. Seçtiğimiz sembollerle bilinçaltımızla iletişime geçeriz. Bu yüzden hayatınıza çektiğiniz şeyler bilinçaltınızda anlamlarını bilmeden kullandığınız sembol seçimleriyle ilgilidir. Milyonlarca yıldır lisanlardan bile önce sembollerle konuşan insan, aslında bu dili ilk unutandır. Hayallerimizi kendimize çekmemiz için bilinçaltının dilini öğrenmemiz gerekir.

Bu dil metafor, sembol ve resimlerden oluşur. Bilinçli zihnimiz algıladığımızı analiz eder, sorgular ve muhakemesini yapar. Bilinçaltı zihnimiz ise kelimelere pek aldırmaz. Ancak algıladığımız metaforlardan, sembollerden ve resimlerden arşivde tuttuğu bilgilere istinaden anlam üretir. Onları sorgulamaz ve yargılamaz. Sadece daha önce yüklemiş olduğumuz anlamlara eşdeğer anlamlar üretir ve hayatımıza sunar. Eğer onun anladığı bu dilden ona resimler gönderirsek hayatımıza onu çeker. İşte bu dil, fark edebilirsek dünyanın en kolay dilidir. Nasıl mı yapacağız? İmgeleyerek.

Rahat bir şekilde oturun, gözlerinizi kapatın, aşağıdaki sembollerden hangisine ihtiyaç duyuyorsanız onu en az 17-30 saniye imgeleyin. Bu çalışmayı gün içerisinde 9-10 kere uygulayın.

Sembolik şekiller hangileridir?

Bilinçaltının dili semboldür. İmgeleme yaparken pek çok sembol kullanılabileceği gibi en çok kullanılan ve en etkili semboller spiral, daire ve sonsuzluk işaretidir.

Hangi sembolik şekil ne için kullanılır?

SPİRAL

Spiral sembolü boşluğa çizdiğinizi hayal edebilirsiniz. Bu sembolü soldan sağa çizmek geleceğe yönelik başladığın bir projede, işte ilerlemek amaçlıdır. Sağdan sola çizmek ise maddi konularda ilerleme, maddi durağanlığı harekete geçirme amaçlı yapılır.

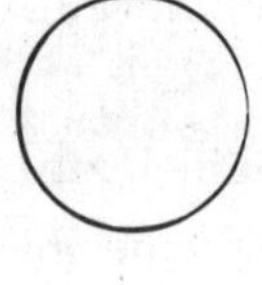

DAİRE

Korumaya almak için kullanılır. Yatak odanızı, çocuklarınızı, maddi yatırımlarınızı, bir konuyu, bir ismi, bir markayı koruma altına almak için koruma altına alınacak bölümü çembere aldığınızı imgeleyebilirsiniz.

SONSUZLUK İŞARETİ

Sonsuzluk işareti, sürekliliği simgelemekle beraber, bolluğu ve bereketi de simgeler.

Hangi sembolle hangi konuda bilinçaltınızı kodlarsınız?

Bolluk, Bereket, Para ve Zenginlik İçin

• Bulutu alıp suya batırdığınızı imgeleyin. Bulutu sudan çıkarıp elinizle sıkın. Yağmur yağdığını görün. Sıktıkça daha çok yağsın. Bu suyla her yerinizi yıkayın.

• Mor bir deve hayal edin. Bu mor deve evinizde işyerinizde gezsin, bir sürü deve de görebilirsiniz.

• Güzel bir nar ağacı süreklilik ve kesintisiz bolluk olarak yorumlanır. Üzeri bol narla dolu olsun kocaman kocaman narların olduğu bir ağaç imgeleyin.

Güvende Hissetmek İçin

Kendinizi evinizde, yuvanızda, ailenizle güvende hissetmek istiyorsanız bu imajinasyon tam size göre. Evinizi büyük mor bir balonun içinde 30-90 saniye kadar hayal edin.

Başarı İçin

Bulunduğunuz işte yükselmek için, makamınızın yükselmesi için veya lider olmak için kendinizi yüksek bir dağda bayrak dikerken hayal edin. İmajinasyonlar, her gün en az 15-30 saniye günde 9-10 kere ve 21 gün düzenli olarak yapılmalıdır. En az 21 gün yapılması önemlidir.

Evlenmek İsteyenler İçin

Evlenmek isteyen kadınlar, elinde pembe sümbül ile gezerken onu koklayın veya taç taktığınızı hayal edin. Evlenmek isteyen erkekler, sol yüzük parmağına altın yüzük taktığını hayal etsin.

İki kumru hayal edin neşe ve iyi şans sembolüdür. Uğurlu başlangıçlara işaret eder. Bu yüzden bekarların, çift olarak evin ya da odanın aşk yönünde iyi, güvenilir bir partner çekmek için sık sık kullandığı bir imajinasyon sembolüdür. Ördekler de genellikle çift olarak kullanılırlar. Mutlu bir evliliği, birbirine adanmışlığı ve bağlılığı temsil ederler.

Bir Şeyler Kötü Gidiyorsa Yeni Başlangıçlar İçin

Bir şeylerin kötü gittiğini düşündüğünde çam ağacını imgeleyin. Çam ağacı yeniden doğuş, yenilenme sürecinin başlaması, güzel günlere ulaşma, ferahlık, aydınlık simgesidir.

Yetersizlik Duygusu İçin

Meşe ağacı insanın kendi gücünü fark etmesini sembolize eder. Zirveye taşır. Kendini yeterli bulmakta zorlanıyorsan kullan. Kendi gücünü fark etmeni sağlayacak.

Uzun Ömür ve Sağlık İçin

Uzun ömür aynı zamanda heybeti ve gücü sembolize eder. Osmanlı Devleti'nin de sembollerinden biri olan çok ihtişamlı bir çınar ağacı hayal edin.

BİLİNÇALTINIZI HAYALLERİNİZE NASIL KODLARSINIZ?

Bugüne kadar birçok şey istedik ama olmadı. Olmayanları kendimize unutturduk, yeni olabileceklerin peşine takıldık. Zaman içinde bazıları oldu, bazıları da olmadı. Olmamasının sebebini hep dışımızdaki insanlara bağladık. Yani bugüne kadar "Onun yüzünden bu, bunun yüzünden şu oldu," dedik. Hâlbuki bugün tek bileceğimiz şey, ne yaşadıysak ve ne yaşamıyorsak, istediğimiz neler hayatımıza gelmiyorsa bilinçaltımızdaki olumsuz bilgilerden olduğudur. Bu teknik hakkı verilerek birkaç kez uygulandığında cidden mucizevi sonuçlar doğurabiliyor. Bu nedenle sakin bir zamanda ve odaklanarak yapmanız gerekir.

Şu an senin için ne olmasını isterdin? O neyse, onun bütün olmuş halini bütün canlılığı ile gözünüzün önüne getir (imgele).

Etkili bir teknik:

Hayatına girmeni istediğin, hayalindeki en büyük aşkı, insanı, parayı, evi veya işi, yani o tabloyu gözünün önünde canlandır. Bu canlandırmayı yaparken elinin altında bulunan kalem kâğıtla bir yandan içinden çıkan bunun aksi ve yaratmak istediğinin olamayacağını söyleyen bütün sözleri yaz. Bu konu ile ilgili zihnindeki bütün olumsuz kayıtlar kâğıda döküldükten sonra, gözünün önünde aynı canlandırma varken tekrar başa dön, her olumsuz sözü tam yerinde tespit et. Çok hissederek ve inanarak o olumsuz sözün, senin işine yaramadığını fark edip onun yerinden çıkmasını ve aynı yere onun olumlu halinin yüksek sesle tekrarlayarak yerleşmesini sağla.

ÖRNEK

Başka bir şehirde sevdiğin bir eş ve çocuğunla çok mutlu güzel bir ev hayal ettin ama içindeki o ikinci olumsuz ses -ego sesi-, "Bu halinle mi? Hayatında henüz sağlıklı güzel bir ilişkin yok ki, nasıl?" dedi. Onun yerine, "Ben zeki, güzel ve çekici bir kadın olduğuma inanıyor ve biliyorum. Bu nedenle hayatıma sevdiğim kişiyi ve onunla kuracağım güzel bir aileyi çekeceğimi biliyorum," de.

Eğer o noktada olumluya inancında bir direnç varsa şu soruyu sor;

"Benim bu olumsuz kaydın doğru olduğuna olan inancım hangi yaşadığım andan geliyor?"

O sorunun götürdüğü yere gittiğinde bu bazen çok küçük yaşlarında olan veya birkaç yıl evvelki bir sahne olabilir. O sahnede, o olumsuz kelimeye neden bu kadar inandığına bak. Seni inandıran neydi? O sahnedeki olumsuz sözü de dönüştür ki yeni olumlu kaydın gireceği yer açılmış olsun. Böylece anlarsın ki olumsuz kelimenin yeri ve zamanı bulunmadan, yani altta hâlâ bütün enerjisiyle yaşayan olumsuz bir kayıt varken olumlu hiçbir söz veya hiçbir biliş senin bilinçaltında yer bulup yerleşemez. Olumsuzun çıkması ve aynı anda olumlunun yer bulması gerekir.

Daha evvel not kağıdına yazmış olduğun olumsuz kayıtların listesi, tek tek bu şekilde çalışılıp her olumsuz kelimenin yeri bulunup oralardan olumluya dönüştürüldükçe istediğin, hayalini kurduğun, yani imgelediğin her neyse o senin için evrende artık oluşabilir hale gelir. Yani sen isteklerinin önündeki kayaları kaldırmış olursun.

İsteklerinin önü açıldı, şimdi senin için senin doğrun ise isteğin hayatına girer. Önündeki bütün olumsuz zihinlerini temizleyerek yarattığından, yani düşünce enerjini güçle kullanıp yaratmadığından senin için güzel bir yaratım ve keyifli bir hayat oluşur. Eğer tarif edilen çalışmayı yapmadan düşünce gücünü kullanıp güç enerjisi ile yaratırsan yine yaratabilirsin ama yarattığının altında ezilebilirsin. Çünkü olumsuz enerji ile yarattığımız her şey bizim için olumsuz bitecektir.

Olumlamaları içselleştirebilmen için önce kendinde var olan olumsuz kaydı ve o kaydı hangi yaşadığın olayın içinde aldığını bulman gerekir. Değişim o andan başlar. Doğru çalışmada o olayın içindeki olumsuz kaydı bulduğun anda, onun olumlamasını içinden alırsın.

SWITCH TEKNİĞİ

Hepimizin zihninden günde ortalama 60.000-90.000 arasında düşünce geçer. Bu düşünceler zihnimize kuantum birleşik alanından düşse de konusunu bilinçaltımızdaki inançlarımız, düşüncelerimiz, korkularımız belirler. Bilinçaltında birçok korku ve olumsuz inanç besleyen insanların zihnine pozitif düşünce ve imge düşmesi de zorlaşır. Bu nedenle geçmişte bize bu olumsuz inanç ve korkuları yaşatan olayları bulmak ve onları temizlemek zorundayız. Burada temizlemeye çalıştığımız olayın kendisi değil duygusudur.

Örneğin, geçmişinizde insanlara ve hatta hayata güveninizi sarsan, yok eden çok kötü bir anınız veya hayal kırıklığınız var. Bu olayın sizde bıraktığı izi silmezseniz birçok defa önünüze farklı dekor ve oyuncularla çıkıp aynı duyguları yaşatmaya devam eder ve her defasında biraz daha bu duyguyu kökleştirir. Güven korkunuz olduğu için evrene güvensizlik duygunuzu yayacak ve size tam da bu korkunuzu yaşatacak deneyimleri çekmeye devam edecektir. Siz de bir kez daha haklı çıkmanın gururunu en acı biçimde yaşamaya devam edeceksiniz. "Ben biliyordum bu adama/kadına güvenilmeyeceğini," veya "Hayatta kimseye güvenmemem gerektiğini bir kez daha anlamış oldum," gibi.

Peki, bu anıların izlerini nasıl sileriz?

Burada bilinçaltının gerçek olanla olmayanı ayırt edememe özelliğinden etkileniyoruz. İlk önce bize o kötü duyguyu yaşatan olaya gidiyor ve yerine çok canlı biçimde yenisini koyuyoruz. Yeniyi o kadar canlı ve gerçekçi koyuyoruz ki bilinçaltımız ilk önce eskiyi sıfırlıyor, sonra yeniye inanıyor; bunu birkaç kez tekrarladığımızda da eskinin sadece soluk bir resmi kalıyor ama duygusundan hiçbir iz kalmıyor. Böylece o olayın bizde yarattığı duygusal travma yok edildiği için hafifliyor ve yeni bir geleceğe daha güvenle bakabiliyoruz.

Dikkat ederseniz hepimiz bizde iz bırakan kötü olayları silik, siyah beyaz ya da flu, yani bulanık hatırlarız. Çünkü bunları hatırlamak istemediğimiz için gelişigüzel bilinçaltımıza itmiş ve öylece bırakmışızdır. Oysa hayatımızın güzel günleri, pırıl pırıl parlayan kareleri de vardır. Bunlar renkli, canlı ve hatta çoğu detayıyla birlikte aklımızdadır. Çünkü o kadar mutlu olmuşuzdur ki defalarca tekrar tekrar düşünmüşüzdür. Bu bizde iz bırakan kötü anılara, olaylara bilinçaltımızdaki kara kutular diyecek oursak ve ne kadar çok kutuyu açabilir ve pozitife çevirebilirsek o kadar temizlenmiş ve hafiflemiş oluruz.

Burada bizde bu duyguları yaratan ilk anıları, olayları bulmak da çok etkilidir. Mesela ilk güven duygumuzun zedelenmesi. Küçükken annemiz ya da babamızın kardeşimize yaptığı bir sevgi hareketi, aldıkları bir hediye bile bizim ilk rol modelimiz olan ebeveynlerimize duyduğumuz güvensizliği yaratır. İlk kıskançlık duygumuzu yaratır. İlk hayal kırıklığımızı ilk kızgınlığımızı... Bu yüzden bir kağıda **GÜVENSİZLİK**

DUYGUMUZ diyerek başlık atalım ve altına bugüne kadar kimler ne zaman nerede bize bu duyguyu yaşattılarsa sadece başlıklarını yazalım. "İlk sevgilimin başka biriyle olduğunu öğrendiğimde," veya "X kişisi beklediğim maddi veya manevi desteği vermediğinde," gibi.

Sadece başlıkları yazmanız yeterli. Olayın ne olduğunu yazmanız gerekmiyor. Bunları tek tek hatırlamakta zorlanıyorsanız çocukluğunuzu, gittiğiniz okulları öğretmenleri okul ve mahalle arkadaşlarınızı, babanızın ve annenizin o yaşlarında nerede çalıştığını, evinizi, sokağınızı, akrabalarınızı hatırlamaya çalışın. Zaten sizde iz bırakanlar ilk aklınıza gelenlerdir. Sonra sakin ve sessiz olmasına özen gösterdiğiniz bir ortamda gözlerinizi kapatın. Kas ve sinir sisteminizi rahatlattıktan sonra beyin frekansınızın alfa konumuna inmesini sağlayın. 3-5 kez derin diyafram nefesi yeterli olacaktır.

Değiştirmek istediğiniz, üzerinde çalışacağınız ilk sahneyi seçin. Zihninizin içinde bir TV ekranı açın ve ilk önce bu sahneye soluk, siyah beyaz bir fotoğrafa bakar gibi dışardan bakın ve sonra sahnenin içine girin.

Örneğin; ben 9 yaşında iken sınıf öğretmenim ödevimi yapmadığım için bütün sınıfın içinde beni incitecek sözler söyleyerek üzülmeme neden olmuştu. İlk önce bu anımın üzerinde çalıştım. Çünkü değersizlik, utanç gibi birçok olumsuz duyguyu bilinçaltıma sağlam bir şekilde atmıştı. Bu çalışmaya şöyle başladım zihnimin içinde bir ekran açarak başladım. Sınıftayım; sınıf kalabalık ve havasız, çocukların üzerindeki kıyafetler de silik ve renksiz sanki. Sonra kapı açılıyor, öğretmenim sınıfa giriyor, ödevleri kontrol etmeye başlıyor, defterimi çıkarıp verdiğimde ödevimi yapmadığım için bana kızıyor. Sesinde inanılmaz bir öfke var. Dudaklarımı ağlamamak için sıkıyorum. Gözlerimden yaşlar iniyor. Müthiş bir hayal kırıklığı, isyan, kızgınlık duygusu, çaresizlik ve değersizlik duygusuna karışıp gidiyor. Tamamıyla 9 yaşımda ve o duyguların yeniden içindeyim; öyle ki neredeyse yine ağlayacağım.

Sonra zihnimin içinde yepyeni bir ekran daha açıyorum, biraz önce açtığım ekran yok oluyor. Bu defa biraz önceki sahnenin tam aksini, yani olmasını istediğim vizyonu canlandırıyorum. Yine sınıftayım, mis gibi bir hava var sınıfta, pencereler açık. Kendimi çok mutlu hissediyorum. Çünkü ödevimi yapmışım ve heyecanla öğretmenimin sınıfa girmesini bekliyorum. Kapı açılıyor ve öğretmenim üzerinde rengarenk bir elbiseyle içeri giriyor. Mis gibi bir parfüm kokusu tüm sınıfa yayılıyor. Gülümseyerek "Ödevlerinizi yaptınız mı çocuklar?" diyor. Yanıma geliyor, ödevime bakıyor ve ses tonunda beğeni dolu bir ifadeyle "Bunu sen mi yaptın, harika!" diyor. Gurur dolu bir sesle "Evet öğretmenim," diyorum. Defterimi kaldırıp sınıfa gösteriyor ve sınıftan beni alkışlamalarını istiyor. Alkış seslerini çok net duyuyorum. Arkadaşlarıma bakıyor ve gözlerinde büyük bir takdir ve hayranlık görüyorum. Gururlu ve mutluyum. Sonra tekrar ilk açtığım kareye dönüyorum. Bana kızdığı ve ağladığım kare bu sefer renkler iyice soluk gri tonları, görüntü iyice bulanık, ses iyice kısık. Biraz önceki sahneyi o kadar canlı yaşamışım ki istesem de kendimi biraz önceki olumsuz ruh durumunda hissedemiyorum. Yine de kendimi zorlayarak o sahnede birkaç dakika kalıyor ve eski duygularımı yakalamaya çalışıyorum ve sahneyi iyice küçültüp yok ediyorum.

Tekrar zihnimde biraz önce olmak istediğim vizyonu canlandırdığım ekranı açıyorum. Yeniden sınıftayım ve öğretmenim içeri tekrar giriyor. Biraz önce canlandırdığım tüm sahneye daha fazla duygu, heyecan detay katarak (beş duyumu da içine katarak) yeniden yaşıyorum. Bu defa kokular, sesler daha da belirginleşiyor. Daha büyük, renkli, yüksek sesli. Var olan sahneyi yaşıyor ve birkaç küçük detay daha ekliyorum. Öğretmenim okulda en sevdiğim öğretmen oluyor ve beni her konuda destekliyor, cesaretlendiriyor, kendime daha çok güvenmemi sağlıyor. (Burada ne kadar canlı ve gerçekten yaşamış gibi görürseniz o kadar etkili olur.) Aniden kendimi tekrar eski sahnede görüyorum ama artık duygu yok. Ne kadar çabalasam da biraz önceki o yoğun enerjili pozitif duygulardan sonra bu düşük enerjili karede kendimi kötü hissedemiyorum. Sanki bir başkası yaşamış, geçip gitmiş gibi ve ekranı bir kağıdı buruşturup atar gibi buruşturup fırlatıyorum. Zihnimdeki diğer ekrana geçiyorum. Yeni vizyonum tüm ekranı kaplıyor. Bir kez daha bu sahneyi hızlıca yaşıyor öğretmenimi, sınıfı arkadaşlarımdaki beğeni ve coşkuyu bir kez daha görüyorum. O kadar mutluyum ki duyduğum gurur ve özgüven sanki elle tutulurcasına yoğunlaşıp tüm çevremi ve bedenimi kaplıyor. Son kez öğretmenimin gülen yüzüne bakıyor ve ona şunları söylüyorum; "Artık hayatıma neden girdiğini biliyor ve hayatımın bu sürecini paylaştığın için sana teşekkür ediyorum. Bana yapmış olduğun her şey için seni affediyorum. Artık ikimiz de özgürüz." Onun gülümseyerek el salladığını ve uzaklaştığını görüyorum. Bu çalışma burada okurken uzun görünse de ortalama 15-20 dakika sürüyor.

Bu, NLP'nin SWITCH TEKNİĞİ ile desteklenmiş muhteşem bir geçmişten arınma ve affetme çalışmasıdır. Eğer hakkı verilerek yapılırsa bilinçaltı yeni koyduğunuz her sahneyi gerçek olarak kabul ediyor ve eskiyi siliyor. Eski zihninizde sizde hiçbir duygu uyandırmayan boş bir resim gibi kalıyor. Kopuk ve uzak. Her defasında tek bir kişi ve olayla çalışın. Eğer zihninizde dahi olsa affedemediğiniz kişiler olursa sonradan dönmek üzere bir tarafa bırakın. Unutmayın bu çalışmayı başkaları için değil kendiniz için yapıyorsunuz. Her çalışmada sırtınızdaki küfede taşıdığınız bir taş daha atılır ve gittikçe hafiflersiniz. Mümkünse istekli ve sakin olduğunuz zamanları seçin. Aynı çalışmayı bir kağıda daha sonra değersizlik, para, sağlık ve tüm korkularınızla ilgili başlıklar atarak yapabilirsiniz.

İlk aklınıza gelen sizi en çok etkileyen ve iz bırakanlardır. Bunlardan da başlayabilirsiniz.

Hayallerimize ulaşmak için öncelikle niyetimizin sağlam olması çok önemlidir. Yani gerçekten seçmeliyiz, niyet etmeliyiz. O zaman her teknik kolay gelecektir ve ertelemeden yapmaya, dönüştürmeye başlayacaksınızdır.

YÜKSEK BENLİK BAĞLANTISI TEKNİĞİ

Bir sorun mu var, sizi sıkıştıran bir durum mu var ya da bir karar mı vermeniz gerekiyor?

O frekansta bunun çözümünü bulamazsız. Çünkü titreşiminiz düşükse zihninize daha çok olumsuz düşünceler, duygular gelir. Böyle durumlarda ne yapabiliriz diyecek olursanız cevabım, "Yüksek benliğinizle bağlantıya geçin," olur.

Gözlerinizi kapatın. Kalbinize odaklanın ve derin nefesler alıp kendinizi çok iyi hissettiğiniz bir yerde hayal edin. Deniz kenarında ya da bir ormanda ya da evinizde, nerede keyif alırsanız, orada olduğunuzu hayal edin. O huzuru kalbinizde hissedin, kalbinizi o huzurla doldurun sonra sorun:

"Sevgili yüksek benliğim … konusunda ne yapmalıyım, bilmem gereken nedir?
Lütfen bunun için bana açık ve net bir mesaj ver."

Bilgi mutlaka gelir. Bir kaç saat ya da birkaç gün içinde cevap gelir.

TÜM HAYALLERİMİ GERÇEKLEŞTİRDİĞİM TEKNİK

Hayallerinizi yazın ve okuyun!

En çok arzuladığız hayalinizi gerçekleştirmek için ilk iş yeni bir defter, siyah ya da mavi (fark etmez) bir tükenmez ve kırmızı bir tükenmez kalem alıyorsunuz. Hayallerinizi herhangi bir renk tükenmez kalemle yazın. Fakat **OLDU, ŞÜKÜRLER**

OLSUN ve **TEŞEKKÜRLER** kelimelerini kırmızı tükenmez kalemle yazacaksınız.

Defterin ilk sayfasını açıp aşağıdaki gibi yazın.

BU DEFTER BENİM HAYAL DEFTERİM.

BU DEFTERE YAZDIĞIM HER ŞEY GERÇEKLEŞTİ.

ŞÜKÜRLER OLSUN

TEŞEKKÜRLER

İSİM VE SOYADI

İMZA

Diğer sayfaya en çok istediğimiz hayali yazmakla başlıyoruz. Şimdiki zamanda olmuş gibi yazıyoruz ve yazdığımız hayalimizi en az 21 gün boyunca yazacağız. Ben 30 gün ve daha fazla yaparım. Aklınıza daha sonra gelen şeyleri ekleyebilirsiniz. Sadece çok fazla değişiklik yapmayın, aynı şeyleri yazmaya çalışın. Sonrasında defteri göğsünüze yaslayıp hayalinizin olduğu duyguya girin.

ÖRNEK

Bahçeli, 2 katlı, 4 oda ve 1 salon evimi aldım. İçinde huzurlu ve mutluyum. Bahçesinde sevdiklerimle beraber sohbet ediyor, keyifli anlar geçiriyorum. Bahçemde mis gibi kokan yaseminler var.

(Kırmızı kalemle altına yazın)

OOLDU, OLDU, OLDU

TEŞEKKÜRLER

ŞÜKÜRLER OLSUN

Sonra defterinizi kapatın ve kalbinizin üzerine koyun ve hayal edin; o deftere yazdığınız her şey gerçekleştiğinde kendinizi nasıl hissediyorsunuz? Her seferinde bu duyguya 15-20 saniye girin ve sonra serbest bırakın.

(Ben de kendi evimi bu teknikle aldım. Şimdi sıra sizde.)

Hep aynı hayali yazıyoruz. Sabah ve akşam en az 21 gün ya da 30 gün boyunca bir hayaliniz üzerinde yazarak çalıştıktan sonra diğer hayalinizi de aynı şekilde yazarak çalışabilirsiniz.

OLUMLAMALAR PANOSU ÇALIŞMASI

Bir kağıda ya da bir kartona size iyi gelecek olumlamaları yazın ve duvarınıza yapıştırın. Dilerseniz çerçeveletip asabilirsiniz. Dikkat etmeniz gereken en önemli şey İSTİYORUM kelimesini kullanmamanızdır. Çünkü bilinçaltı sadece ŞİMDİyi bilir. İstiyorum dedikçe olacağı erteler.

ÖRNEK

"Bu güzel evi almak için gerekli olan para ve imkâna sahibim."

"Bu güzel ülkeye gitmek için gerekli olan para ve imkâna sahibim."

"Bu güzel iş için gerekli olan para ve imkâna sahibim."

"Zenginliğim her geçen gün artıyor."

"Her geçen gün güzelleşiyorum."

"Her geçen gün gençleşiyorum."

"Her geçen gün sağlıklı oluyorum."

"Her geçen gün zenginleşiyorum."

Bu olumlamaları telefona veya bilgisayarımıza da yazabiliriz.

Bilinçaltını kandırmaya devam ediyoruz. Onu programlayıp isteklerimizi yapmaya hazırlıyoruz.

KOLAYLAŞTIRILMIŞ NLP TIMELINE TEKNİĞİ

Bilinçaltında kökleşmiş bir korku, bir duygu, bir inancı bularak başlayın. Bu, değersizlik, güvensizlik yalnızlık, suçlanma, yetersizlik, onaylanma olabilir. Hepimizde bu duyguların hepsi farklı boyutlarda vardır. Yani birinde değersizlik fazlayken bazılarında başarısızlık korkusu daha fazladır.

İlk Adım

Bilinçaltında kökleşmiş bir korku, bir duygu, bir inancı buldunuz. Değersizlik duygumuz varsa, bir kâğıda "Değersizlik duygum" diye yazalım. Değersizlik duygumuzun alt açılımında ne vardır? "Sevilmeme" veya "hak etmeme duygusu", "Kendimizi bir şeye layık bulmama duygusu" vardır. Onun altında da belki, "Kendimizi bizar ezik hissetme" duygusu vardır. Değersizlik duygusu ile ilgili anıları bulun ve bir kâğıda not alın. Bunlar sizin bilinçaltına ittiğiniz, hatırlayınca kötü hissettirdiği için en derinlere attığınız, zamanla unuttuğunuzu sandığınız, en derin düzeyde unutmadığınız birtakım anılarınız olabilir. Bir kere daha kıyıda köşede kalan ne varsa ortaya çıkarın. Üzerinde bir avcı titizliğinde çalışın. En küçük bir şey bile olsa bulun ve bir kenara yazın. Ondan sonra gidebildiğiniz kadar geriye gitmeye çalışın. En son kendinizi ne zaman değersiz hissettiniz? O hatırladığınız şeyin sadece başlığını yazın.

"İşten ayrıldığımda."

"Sevgilimle/eşimle tartıştığımda."

"Patron bana bir şey söylediğinde."

"Bir arkadaşım bani değersiz hissettirdiğinde."

"Ondan önce," diyerek çocukluğunuza kadar gidin. Anne babayla ilişkileri düşünün. Onların sizi değersiz hissettirdikleri görüntüleri bulun. Sonra bunları numaralandırın. Görüntülerin ana başlıklarını yazın. Ben bu çalışmaları yaparken yıl yıl geri gitmiştim. 3 yıl önce neredeydin, hangi iş yerinde çalışıyordun? Etrafında kimler vardı? Hangi akrabalarına yakındın? Ondan

3 yıl önce neredeydin? Okulda mıydın? Hangi ortamdaydın? Anne babayla birlikte miydin? Etrafında kimler vardı? Belki bir kursa, bir işe gidiyordun. Gibi gibi bu döneme ait, aile, arkadaş, akrabaları ve çalıştığınız iş yerini düşüneceksiniz. Bu durumda zaten unuttuğunuzu sandığınız bütün görüntüler gözünüzün önüne gelecektir. Hepsini yazdıktan sonra tek tek numara verin. Birinci adımda yapacağınız sadece budur. Daha sonra bunun için acele etmeyin. Sakin bir ortamda, sakin bir şekilde düşünün ve sadece bir duygu üzerinde çalışın.

İkinci Adım

İkinci bir kâğıt alın. İlk görüntüden başlayıp o görüntülerin ve duyguların içine tekrar bir girin. Sonra o görüntü içindeki kendinizi düşünerek, "Ben her halimle, her zaman tam ve bütünüm. Ben kendimi olduğum gibi kabul ediyor ve onaylıyorum. Ben değerliyim. Kendimi çok, ama çok seviyorum. Ben bu anımdaki kendimi ve bana kendimi değersiz hissettiren şu kişiyi (varsayalım babamı) seviyor ve affediyorum," deyin. Sonra bu görüntünün yerine kendinizi çok değerli, çok mutlu, çok başarılı, çok özgüvenli hissettiğiniz bir kareyi hemen getirin ve enerjinizi bir anda yükseltin. O anda zaten o duygunun içine girdiğiniz için frekansınız da yükselecektir. Sonra o eski görüntüyü uzayın karanlıklarına gönderin. O görüntü uzaklaşsın. O görüntünün, eski silik bir fotoğraf gibi uzaklaşıp kaybolduğunu görün. Bu örneği her türlü duygu için çalışabilirsiniz. Mesela başarısızlık için çalıştığınızda "Ben başarılıyım," diyeceksiniz. Yetersizlik üzerine çalışıyorsanız "Yeterliyim," diyeceksiniz. Çalışırken, size bunları hissettiren insanları bu görüntülerin içinde tek tek bulmanız ve onları affedip sevgiyle uğurlamanız çok ama çok önemlidir. Bunu yaparak onlarla aranızdaki olumsuz enerjiden kendinizi özgürleştirmiş olursunuz. Bu çalışmayı listedeki her madde için tek tek yapın. Listedeki tüm inançların hepsini aynı zamanda çalışmayın. Bu önemlidir. Arada bir hafta zaman olmalıdır.

SON SÖZ

Hayallerimiz, bizim yaşam amacımızı destekler ve umut verir. Bu sebeple büyük küçük fark etmeksizin her zaman en az bir hayalimiz olmalı ama hayalimize kavuşacağımıza dair arzumuz ve inancımız da tam olmalı.

Hayallerimizin gerçekleşeceği süreyi etkileyen birçok faktör var. Bu faktörlerin en başında yine gerçekleşeceğine olan inancımız gelir. Bunun dışındaysa çevresel faktörler ve özümüze bağlı faktörler söz konusudur. Çevresel faktörlerin uygun hale gelmesi ve bizi isteğimize yöneltmesi için özsel faktörleri ele almamız gerekir.

Bedenimizin her hücresinin, her atomunun, zihnimizin her düşüncesinin muhakkak üst frekanslarda titreşmesi önemlidir. Bu yüzden bedenimize iyi bakmalı, doğru beslenmeli, zihnimizi olumsuz düşüncelerden arınmış bir hale getirmeliyiz. Bu çalışmalar özümüzün frekansını arttırdıkça, çevresel faktörler de ona uygun bir şekle bürünecektir. Yaşadığımız yeri örnek alalım, koca bir şehir olsun ya da küçük bir kasaba hiç fark etmez. Birçok kişiden sadece bir kısmını tanırız. Kalanından ise bihaber yaşarız. Tanıdıklarımız, bir şekilde bağlantıya geçtiklerimiz, bize özümüzü yansıtan insanlardır. Yani biz hangi frekanstaysak onlar da o frekanstadır. Diğerleri, yani hayatımızda yer almayanlar ya bizden daha düşük ya da daha yüksek frekansa sahiptirler. Demek ki özümüzün frekansını yükseltmek hem kendimizi hem de çevremizi olumlu etkileyecektir.

Özümüzün frekansı yükseldikçe, çevremize olumlu bir titreşim yaymaya başlarız. Bu olumlu titreşim etrafımızdaki her insana, her nesneye ulaşır. Titreşimin ulaştığı kişi, bizim frekansımızla birlikte yükselmek istiyorsa bizden alacağı titreşimle birlikte kendisi de yükselecektir. Yok, olduğu yerden memnunsa yavaş yavaş hayatımızdan çıkacaktır. Çünkü enerjilerimiz birbirini kendine benzetmeye çalışır, yani karşımızda düşük enerjili bir insan varsa o bizi aşağıya çekmek isteyebilir. Israrla olumlu halimizi korumak için çalışmalıyız. Ancak bu şekilde enerjimiz düşmez.

Biz özümüz için gerekli çalışmaları yaptıkça, frekans düzeyi bizden yüksek olan insanları hayatımıza çekmeye başlarız. Üst benlikler arası iletişim kurulur. Biz illa ki bunun farkında olmayız. Bu iletişimin hayatımızda "tesadüfi" ya da "mucizevî" gelişmeler sağladığını fark ederiz yalnızca.

Oysa hepsi üst benlikler arası hazırlanmış bir düzendir.

Şimdi bazı maddeler sıralayacağım. Bu maddeler sayesinde isteklerimize, daha doğrusu bizi mutlu edecek hayata ulaşmamız daha kolay olacaktır.

Her sabah uyandığınızda önceden hazırladığınız bir olumlamayı kendinize okuyun. Ardından aynada kendinize bakarak "seni seviyorum" deyin.

1- Gün içinde aklınıza her geldiğinde başınızın tepesinde bir altın ışık hüzmesinden size enerji aktığını ve bu enerjinin bedeninizi doldurup ardından etrafınıza yayıldığını imgeleyin. Işığın yayılma alanını genişletebildiğiniz kadar genişletin. Bunu yaparken gülümseyin. (Tüm bu çalışma sadece birkaç dakika olabilir)

2- Zihninizden geçen düşünceleri sürekli kontrol edin. Gerek kendinizle, gerek başkaları ile ilgili aklınızdan geçen veya ağzınızdan kaçan herhangi bir olumsuz düşünce ya da cümlede "İPTAL" deyin.

3- Herhangi birine karşı kırgınlık, korku ya da öfke hissettiğinizde o kişinin de bu dünyaya bir deneyim yaşamaya geldiğini ve her davranışının bu doğrultuda olduğunu anlamaya çalışın. Her insan sergileyebileceği en iyi davranışı yerine getirebilir. Bu yüzden ondan başka türlü davranmasını beklemeyin. Bu kişinin sizde ortaya çıkardığı duyguyu fark edin. Örneğin, öfke duygusu ise; "Şimdi seni fark ettim, artık sana ihtiyacım yok. Seni kaynağa teslim ediyorum ve senden özgürleşiyorum," deyin.

4- Herhangi biri hakkında "Başarısız, beceriksiz, tembel, zaten hiçbir işi beceremez," gibi düşünceler aklınızda belirdiği an "İPTAL" deyin. Çünkü bu düşünceleri siz ne kadar kolay sarf ederseniz sizin için de başkaları o kadar kolay sarf edecektir. Ağızdan bu tür cümlelerin çıkmasına kesinlikle izin vermeyin. Yargıdan, şikayetten uzak durum; kendinizi şikayet ederken yakaladığınızda "BEN SEVGİYİ SEÇİYORUM" deyin.

5- Dileğinizin öncelikle sizi mutlu edecek bir şekilde gerçekleşmesini istemelisiniz. Mesela iş ile ilgili olumlamanız şöyle olabilir:

"Ben istediğim bir işte çalışıyorum. İşim beni mutlu ediyor ve ihtiyacım olandan çok daha fazla kazanmamı sağlıyor. Çalışmak ve bir iş sahibi olmak beni çok mutlu ediyor." Bu olumlamayı her sabah tekrarlayabilirsiniz. Ayrıca ümidinizi kırmayın isteyin. Bol bol şükredin, dua edin.

6- İstikrarlı olun, hayallerinizi yazın ve devam edin. Olumlamalarınızı her gün tekrarlayın, gerekirse ses kaydı yapıp dinleyin. Kendi üzerinizde çalışırken kendinize taahhüt verin; *"BEN BİR KARAR ALDIM VE ... konuda 21 gün ve/ veya 30 gün çalışacağım. Bu süreçte şikayetten, yargıdan, enerjimi düşürecek kişilerden uzak duracağım,"* deyin ve çalışmalarınızı tamamlayın.

7- Uyumadan önce hayallerinize odaklanın, gün içerisinde sizi mutlu eden şeyleri düşünün ve şükür enerjisiyle uyuyun.

Yukarıda saydıklarıma dikkat ederseniz, bedensel ve ruhsal titreşiminiz yükselecektir ve isteklerinize ulaşmak daha kolay olacaktır.

Merakla ve heyecanla dönüşüm hikayelerinizi bekliyorum.

Sevgiler
Ebru Karakan

NOTLARIM

NOTLARIM

NOTLARIM

NOTLARIM